LES

SOCIÉTÉS POPULAIRES

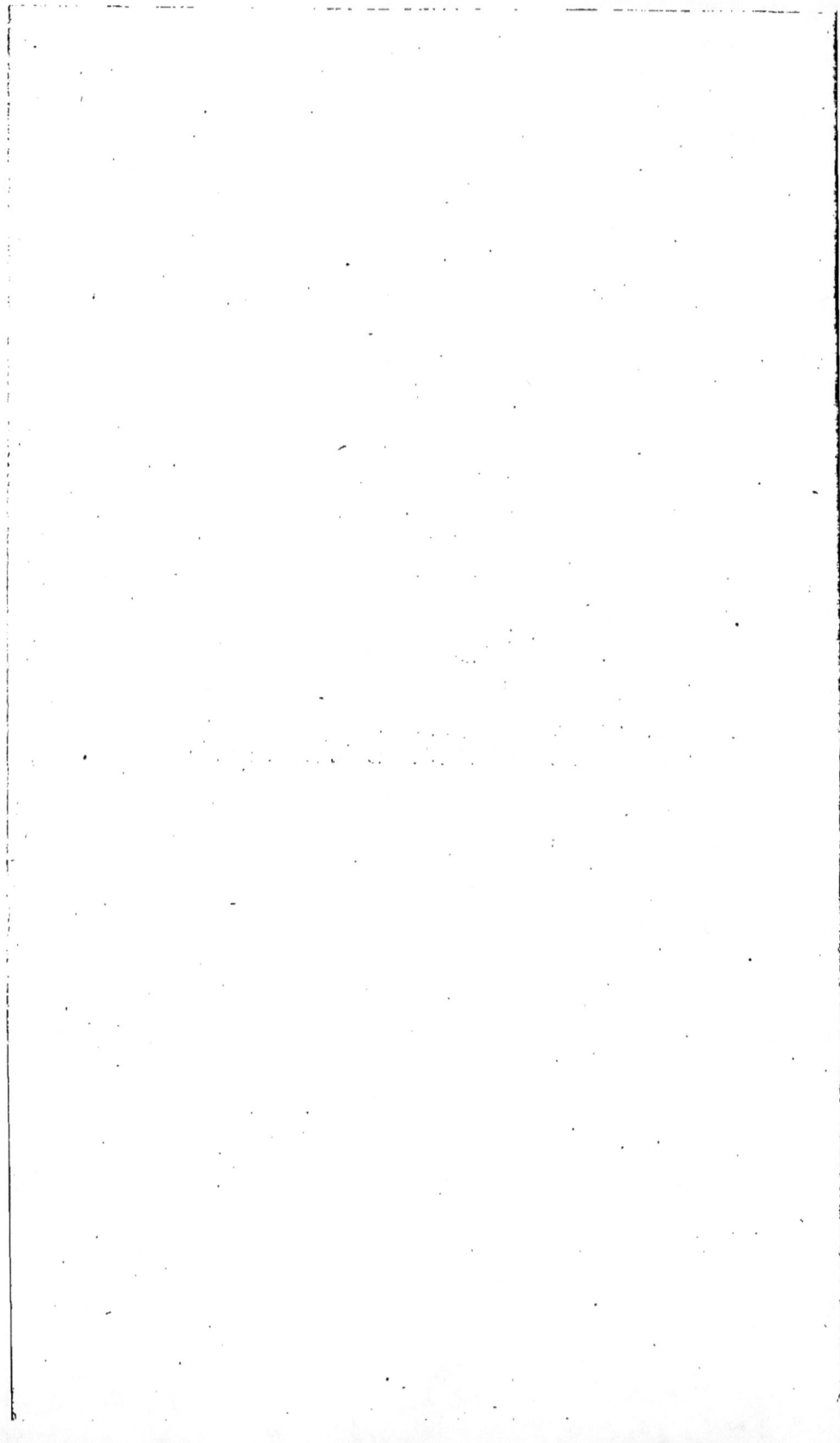

LES

SOCIÉTÉS POPULAIRES

ET EN PARTICULIER CELLES

DE COUTANCES

PENDANT LA PREMIÈRE RÉVOLUTION

—◦∞◦—

ÉTUDE HISTORIQUE

PAR

M. E. SAROT

Avocat

Membre de la Société Archéologique de la dite ville
de celles de Cherbourg et de Valognes
et de celle des Antiquaires de Normandie.

—◦◦◦◦◦—

COUTANCES

IMP. DE SALETTES, LIBRAIRE-ÉDITEUR

1880

AVANT-PROPOS.

Nous allons aborder ici, à propos de notre localité, l'examen d'une des institutions les plus curieuses, et aussi les plus importantes, de notre première Révolution.

En effet, bien que n'ayant pas, à vrai dire, joué, dans celle-ci, un rôle légalement officiel et les élevant à la hauteur d'une autorité constituée proprement dite, les *Sociétés populaires* ou *Clubs*, dont nous entreprenons ainsi l'histoire locale, n'en ont pas moins, en fait, exercé, sur la gigantesque convulsion française de la fin du dernier siècle, une influence capitale, en y servant, en quelque sorte officieusement et dans la coulisse, de foyer et de point de départ à une foule de motions, qui, le lende-main, allaient, comme expression vraie ou fausse de l'opinion publique du pays, se transformer, ailleurs, soit en arrêtés de l'administration, soit même en décrets législatifs.

Une Société populaire c'est, à proprement parler, la Révolution *en déshabillé*. Car, là, on ne se gêne pas. On dit tout ce qu'on pense, ou du moins tout ce qu'on veut ; et l'on n'est arrêté, ni par les scrupules de la forme — sur-tout si l'on est illettré, comme cela se présentera souvent — ni par les ménagements de la modération, si l'on est exalté : ce qui sera le cas le plus ordinaire des acteurs d'un semblable théâtre.

On comprend donc, de suite, combien il est utile, et combien il doit être piquant, de pénétrer dans ces sortes d'officines à ciel ouvert ; où, au milieu d'une désinvolture et quelquefois d'un désordre sans nom, s'élaboreront, du moins en germe, une foule de projets populaires, souvent extrêmes et quelquefois meurtriers, que se char-geront ensuite, dans nombre de cas, de réaliser les pou-voirs publics, soit de bon gré, soit grâce aux émeutes de la rue, par lesquelles leurs auteurs sauront au besoin les leur imposer.

Et c'est ce que nous allons essayer, en ce qui concerne notre lieu natal, qui, forcément, à cet égard encore, nous intéresse plus que tout autre localité, et dont, au surplus, l'examen à ce point de vue, nous mettra, par analogie naturelle, au courant de ce qui devait se passer en ce genre sur les autres points semblables du territoire français.

Mais, pour cela, un préliminaire est indispensable. A un pareil tableau, il faut un cadre! et notre récit local doit, pour être réellement complet et à la fois instructif, se trouver précédé d'un historique général de la matière, si importante et en même temps si peu connue même dans ses traits principaux, que nous nous proposons de traiter ici.

Commençons donc par le fournir, tant au point de vue des faits qu'à celui de la législation, qu'il comporte; pour, une fois ce vestibule franchi, aborder enfin le récit local que nous avons naturellement surtout en perspective dans la présente étude.

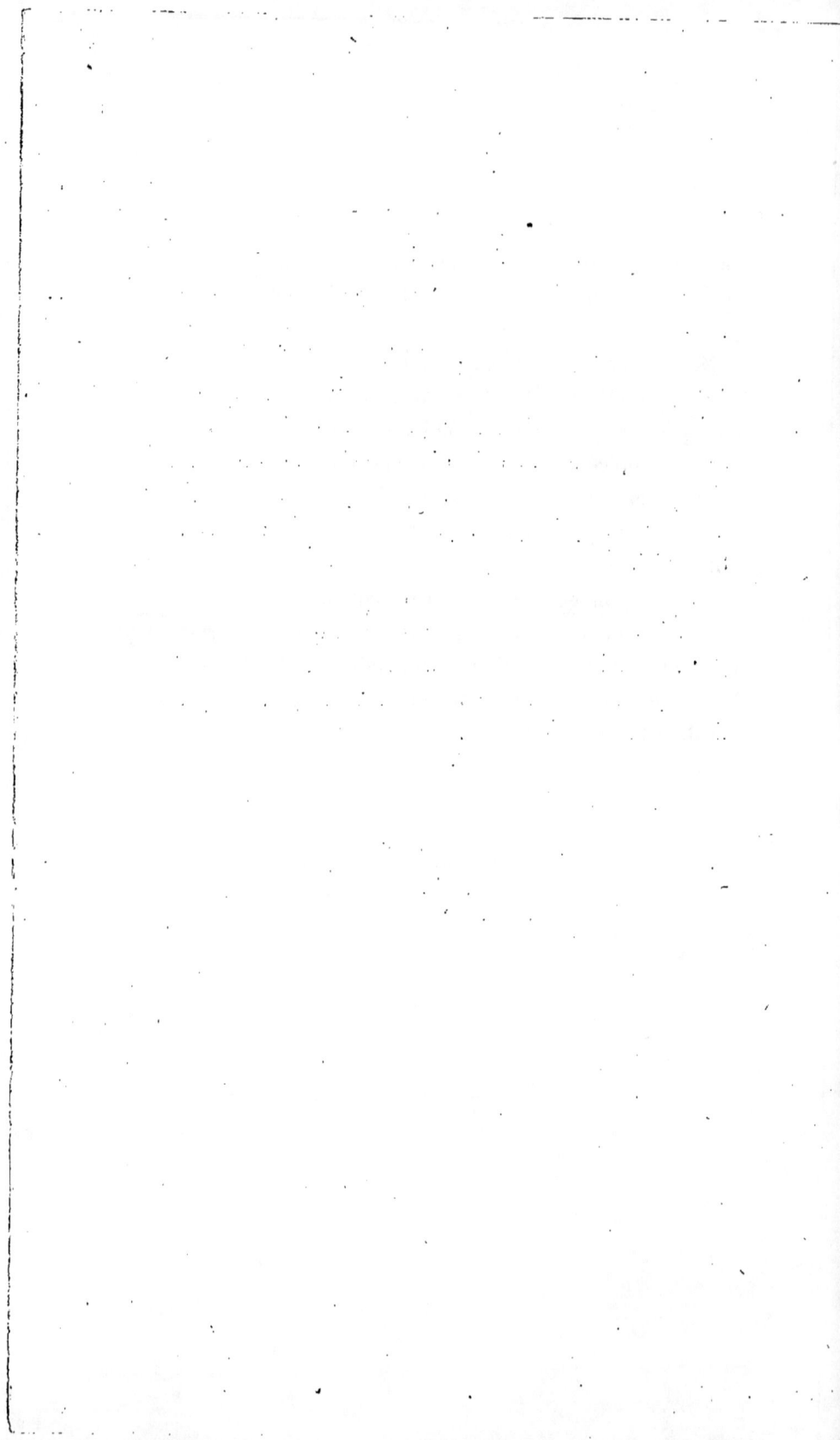

INTRODUCTION HISTORIQUE

———◆———

Les Sociétés populaires ne sont pas, à vrai dire, une des créations de la Révolution. Car, dès avant celle-ci, sans remonter plus haut on en trouve déjà au moins le germe dans les *meetings* et aussi dans les *clubs* politiques de l'Angleterre, d'où elles furent même, jusqu'à un certain point, directement importées.

Mais, dès le début, nous les rencontrons dans notre grande rénovation politique, où elles poussent en quelque sorte spontanément, et où elles ne tardent pas, d'ailleurs, à prendre un caractère de généralité, de permanence, et aussi d'influence publique, qui ne lui avait jamais jusque-là été nulle part attribué.

C'était là, du reste, une conséquence forcée d'une

semblable crise, succédant à une compression de longue
date et de tous les instants ; dont il était tout naturel que
le peuple, même de la catégorie forcée des subordon-
nés, se dédommageât désormais par une libre et collective expansion de ses désirs, permettant aussi, d'ailleurs,
à ses meneurs de la veille ou du lendemain, de rencontrer enfin là une arène ouverte au déploiement de leurs
haines et de leurs ambitions accumulées.

Paris fut de suite, comme on peut le deviner, le principal foyer d'une pareille innovation ; qu'il faut du reste,
se garder de confondre, ainsi qu'on l'a fait quelquefois,
avec les simples *réunions électorales*, d'une nature purement accidentelle, et ne constituant, d'ailleurs, en
rien, comme ici, de véritables sociétés proprement dites.

Dès 1789, on y voit se créer des associations politiques
entre gens de la même nuance ; et il y en avait naturellement de diverses opinions, que la Province, du reste,
s'empressera bientôt de reproduire chez elle dans de
moindres proportions numériques.

Ces réunions, d'abord d'un caractère privé et relativement modéré en général, ne tardent pas : à admettre, à
côté des membres qui s'y agrégent, la présence du public,
même des femmes — si faciles à entraîner et à surexciter
en pareil cas, — dont on trouve bon de s'assurer ainsi, sinon le recrutement direct, au moins l'adhésion ouverte ;
et à dégénérer, pour la plupart, en de véritables four-
naises d'exaltation radicale, dans le sens des idées nouvelles du jour, et d'une guerre acharnée à quiconque est
supposé vouloir les enrayer.

Il en est une surtout qui, dans la capitale, va bientôt se signaler, pour longtemps, par ses fureurs intolérantes et intolérables, et finir, à force de violences — trouvant un écho facile dans les régions du pouvoir officiel despotique, qu'elle soutient de toutes ses forces, après l'avoir le plus souvent recruté de ses propres associés, — par effacer toutes les autres, surtout celles chez qui des allures tant soit peu raisonnables et modérées se sont efforcées de se maintenir.

Nous voulons parler de la société des *Jacobins*, connue d'abord sous le nom des *Amis de la Constitution*, et qui a tiré sa nouvelle désignation du local des *Dominicains* de Paris, rue Saint-Honoré, où elle est bientôt venue s'installer.

En premier lieu composée de gens modérés, et la plupart déjà célèbres, tels que *Barnave*, *Lameth* et *Syeyès*, elle ne tarde pas, sous l'influence de quelques recrues malheureuses, à changer de nature, et à expulser les premiers — qui vont alors, en 1791, fonder le club, mitigé mais impuissant et éphémère, des *Feuillants* — pour laisser place libre aux seconds, c'est-à-dire à *Robespierre* et consorts, qui allaient alors en transformer complétement la nature primitive, dans le sens de l'exaltation la plus complète et même la plus sanguinaire.

Désormais la démagogie, dans ce qu'elle a de plus insensé et aussi de plus redoutable, va trouver là son principal foyer d'action, et aussi son point de ralliement, non-seulement pour Paris, mais encore pour la Province; où se sont bientôt établies des succursales innombrables de cette monstrueuse création, affiliées avec elle et la secondant localement dans l'exécution de ses décisions les plus violentes.

Dès mars 1791 (voir *Moniteur* du 7), les Jacobins de Paris comptent, dans les départements, 229 de ces sociétés à eux subordonnées; et, parmi elles, figure déjà celle de *Coutances* dont nous allons parler tout à l'heure.

Mais bientôt le nombre de celles-ci ira en croissant rapidement, avec l'extension du système terroriste dont la société mère est l'ardente protectrice; et au moment de la chute de ce dernier, on évaluera hardiment (voir *Moniteur* du 24 fructidor an II) à *quarante-quatre mille* — chiffre total des communes de la République — celui de ces sortes de délégations jacobines, qui s'étendent même quelquefois à l'étranger (voir *ibid.*, n° du 18 vendémiaire an II, la mention d'un club jacobin à *Constantinople*).

La machine politique de la sorte organisée allait donc bientôt être à même de donner ce qu'en attendaient ses nouveaux directeurs, et de servir de laboratoire incandescent à leurs désirs les plus furibonds comme les plus ambitieux; et sans avoir, pour cela, besoin de recourir à d'autres foyers plus ou moins ardents de terrorisme populaire, par exemple au club, tristement célèbre, lui aussi, des *Cordeliers*, qui, dirigé par *Danton* et *Camille Desmoulins*, finit promptement par ne plus être à la hauteur du premier, dont il n'avait jamais eu le succès, et dont il ne devait plus être d'ailleurs, dans les derniers temps, qu'un écho totalement effacé.

Les Jacobins de Paris! voilà ce qui absorbera tout, en

fait d'institutions analogues. Bien plus ! voilà ce qui do-
minera tout, à vrai dire, tant que la Révolution, qu'ils
continuent d'attiser sans relâche, conservera sa marche
ascendante que le 9 thermidor viendra seul arrêter ; si
bien qu'un mot nouveau : le *Jacobinisme*, ne tardera pas
à surgir, pour qualifier les idées ou la conduite des nombreux adhérents, — inscrits ou non, du reste, parmi ses
membres, — aux opinions avancées soutenues ainsi par le
fameux club.

C'est là que s'élaboreront et se prépareront, au milieu
de discussions d'une sauvage violence, la plupart de ces
mesures sanguinaires que les assemblées nationales révolutionnaires, et notamment la Convention, s'empresseront
ensuite de ratifier : composées qu'elles sont, cette dernière surtout, en grande partie de membres du trop célèbre club, et redoutant d'ailleurs de devenir promptement, si elles résistent à ses ordres indirects, les victimes
directes de ses inexorables fureurs, que, de son côté,
le sanglant Tribunal Révolutionnaire de Paris se chargera,
en maintes circonstances, de satisfaire contre les malheureux qu'il lui aura dénoncés.

Et elles ont, pour cela, des motifs sérieux d'effroi.
Car, en plus d'une circonstance, elles ont eu à constater, et
même jusqu'à un certain point à subir, toute la violence
de celles-ci secondées d'ailleurs facilement, au besoin,
par celles de la *commune*, ou municipalité terroriste, de
Paris.

Ne sont-ce pas, en effet, les Jacobins qui, en 1791,
ont, au mépris des droits de la Constituante alors encore

réunie, organisé la manifestation, soi-disant populaire, du *Champ-de-Mars ;* aux fins d'obtenir, en quelque sorte à main armée, la déchéance officielle de Louis XVI, auquel la première venait de pardonner formellement sa récente tentative d'évasion à l'étranger?

L'année suivante, n'ont-ils pas, en se substituant violemment aux droits de l'Assemblée législative, arraché, à ce malheureux roi, le pouvoir, ou du moins la couronne, que lui garantissait la constitution de 1791, en organisant contre lui : d'abord l'invasion des Tuileries, par la plèbe, dans la journée du 20 juin, puis leur attaque et leur prise à main armée, par les fédérés marseillais, dans celle du 10 août?

Plus tard, ne les voit-on pas violenter la Convention elle-même, lors du procès de ce roi, désormais déchu et accusé grâce à eux : en lançant contre celui-ci les adresses les plus furibondes, de façon à préparer sa perte prochaine ; et en envahissant, par eux ou les leurs, les tribunes de cette assemblée, de manière à rendre certaine une condamnation capitale, alors imposée, par leur seule présence, et, en tout cas, par leurs clameurs homicides?

Enfin, n'est-ce pas eux qui, le 31 mai 1793, en faisant pénétrer, dans le même lieu, les sections armées de la capitale qui sont à leur dévotion et en quelque sorte à leur solde, pousseront l'audace et le mépris de la représentation nationale, jusqu'à en expulser, par la force et à l'aide de décrets arrachés sous l'empire de cet inqualifiable attentat, la fraction *girondine* de ses membres, dont les opinions relativement modérées sont devenues une entrave importune à l'accomplissement ultérieur de leurs projets subversifs ; que pourront ensuite, désormais, librement réaliser ceux des leurs qui, dans la Convention, occupent les bancs de la *Montagne ?*

A partir de ce moment-là, ils n'ont plus, il est vrai, du moins de longtemps, de coup d'état à faire ! car, dorénavant, ils règnent sans partage, et ils peuvent se borner à machiner, dans leurs séances tumultueuses — dont Robespierre est, depuis longtemps, l'âme, et deviendra bientôt le maître dirigeant — toutes les lois terroristes propres à assurer l'assouvissement de leurs haines meurtrières ; bien certains d'avance que le pouvoir législatif, ou plutôt le *Comité de Salut public*, dans les mains duquel celui-là s'est vu forcé d'abdiquer, et que les Jacobins occupent encore, s'empressera de les sanctionner sans discussion.

Mais il viendra, plus tard, un temps où nous les retrouverons de nouveau à la tête de l'émeute contre la Représentation nationale.

En effet, une fois le 9 thermidor arrivé, c'est au Club des Jacobins que s'organisera surtout la résistance de Robespierre au décret qui le proscrit ; et, si, cette fois, le bon droit finit par avoir le dessus par la chute irrévocable du tyran, il ne faut l'attribuer qu'aux efforts énergiques de ses adversaires personnels de la Convention, qui, secondés par la force armée de la capitale, parviennent à faire avorter la démonstration hostile alors projetée par le terrible club en faveur de son chef principal.

Désormais l'influence et la force de celui-ci vont également crouler ; car il a perdu, maintenant, sa tête ! et, d'ailleurs, la Terreur révolutionnaire, dont il était peut-être la plus sanglante expression, a dorénavant fait son temps, en présence des protestations indignées, et désormais éclatantes, de l'opinion publique à son encontre.

Aussi, quand, sans vouloir tenir compte de cette revendication universelle des droits de l'humanité trop longtemps méconnus, les Jacobins essaient, dans leurs réunions par eux continuées, de s'inscrire contre l'heureux revirement qui vient ainsi de s'opérer, et de prêcher la lutte contre l'état de choses meilleur qui lui a de suite partout succédé, ils ont eux-mêmes signé leur arrêt de mort ; et c'est avec empressement qu'après avoir, le 25 vendémiaire an III, brisé, comme nous le verrons, toutes leurs affiliations avec des sociétés analogues de la Province, la Convention fit brusquement fermer la leur à la date du 22 brumaire suivant.

Les voilà donc, pour avoir trop abusé, et, par leurs excès sans limites, à la fois fatigué et effrayé jusqu'aux plus ardents patriotes, à présent officiellement supprimés : sauf toutefois à conserver encore, en fait, par leur cohésion tacite, et aussi les complices nombreux qui leur resteront longtemps un peu partout et jusqu'au sein de la Représentation nationale, un redoutable empire populaire, que bientôt ne viendront que trop attester les invasions nouvelles — du reste, cette fois impuissantes — de celle-ci, par leurs sectateurs armés, dans les célèbres journées des 12 germinal et 1er prairial an III.

Il n'en est pas moins vrai qu'ils ont dorénavant perdu leur principal repaire, et que, par suite aussi, leurs nombreuses succursales de Province gisent maintenant, désagrégées et impuissantes, comme autant de tronçons d'un corps décapité ; en attendant que des arrêtés individuels, des Représentants en mission alors envoyés dans les divers départements pour y effacer les traces encore subsistantes du régime terroriste, viennent bientôt, en les supprimant elles aussi, leur faire expier, par cet anéantissement sans retour, les excès auxquels naguère la plupart d'entr'elles n'ont pas craint de se livrer, à l'imitation de leur prototype parisien, soit vis-à-vis des autorités locales, soit à l'égard des simples particuliers de leurs ressorts respectifs.

Toutes ces *Jacobinières*, la principale comme les secondaires, la mère comme les filles, vont donc alors, en fait de compte, légalement, ou du moins administrativement disparaître ; pour laisser désormais place libre à la manifestation ouverte d'opinions modérées, qui, débarrassées ainsi de cette dernière, mais toujours sérieuse, entrave, s'épancheront à présent tout haut, et, empruntant même pour cela, à leurs anciens tyrans, la forme d'association populaire qui les avait rendus jadis si redoutables, donneront bientôt naissance à de nouveaux *clubs*, mais cette fois *anti-montagnards*, sinon anti-républicains et pleinement royalistes, où elles s'afficheront de suite avec toute l'assurance, pour ne pas dire avec toute la virulence, que l'on voyait naguère régner dans les premiers.

A cet égard, les réactionnaires, quels qu'ils fussent, pouvaient assurément compter sur la tolérance, et même souvent sur l'appui déclaré, des nouvelles autorités constituées, issues de l'événement libérateur du 9 thermidor. Mais un tel secours avait naturellement ses limites tracées, et ne pouvait, par exemple, empêcher — et en Province pas plus qu'à Paris — les démonstrations hostiles et souvent violentes que ne manquaient pas de faire à chaque instant, à l'aide quelquefois d'une émeute populaire par eux excitée, les anciens Jacobins d'une localité, contre leurs triomphateurs d'à présent et aussi contre les réunions politiques ainsi ouvertes par ces derniers.

Le jacobinisme menaçait donc, par ce moyen, de reprendre, au premier moment, son ancien pouvoir, et, par suite, d'arriver — en dispersant ceux, si différents, qui lui avaient succédé — à rouvrir ses anciens et si redoutables conciliabules publics; qu'il était, d'un autre côté, du reste, dangereux, pour un Etat voulant rester républicain, de laisser remplacer, comme cela avait eu lieu en réalité dans maint endroit, par de véritables foyers de royalisme de nature à seconder sourdement, au dedans, les attaques armées de l'ennemi monarchique du dehors.

Or, il n'y avait pas d'autre moyen efficace de conjurer tout d'un coup ce double péril, que de supprimer enfin par une disposition législative, tant dans le présent que pour l'avenir, et quelque fût leur nuance politique, ces Sociétés populaires, qui jadis avaient, pour la plupart, joué, dans la Révolution, un rôle si perturbateur, et

même si sanguinaire; et dont toutes offraient, encore actuellement, le grave inconvénient d'exciter, par des discussions violentes bien que souvent purement oiseuses,
les passions d'une foule désœuvrée, que de semblables
exhibitions avaient d'ailleurs eu, avant tout, pour autre
fâcheux résultat, d'arracher journellement, sans aucune
nécessité, à ses travaux les plus utiles et même souvent à
ses devoirs les plus sacrés.

Et c'est à quoi se décida sagement la Convention elle-
même, vers la fin de l'an III.

Mais, avant d'en arriver enfin là, qu'elle avait été d'a-
bord la législation révolutionnaire, en semblable matière ?

Au début elle avait, comme on peut le deviner facilement, sinon encouragé, au moins toléré, la création et la
réunion des Sociétés populaires, comme conséquence
forcée de l'ère de liberté générale dans laquelle on venait
d'entrer.

C'est ainsi qu'un décret de la Constituante, le premier en pareille espèce, vint, le 13 *novembre* 1790, pro-
clamer la légalité parfaite, de cette sorte d'assemblées
politiques; que ne manquaient pas, d'ailleurs, de consacrer, plus tard, au moins implicitement, et la constitution du 3 *septembre* 1791, et, surtout, celle du 24 *juin*
1793.

Au moment, du reste, où parut cette dernière, la
Montagne conventionnelle avait déjà triomphé par la
chute de la Gironde au 31 mai précédent; et la première
ne pouvait oublier qu'elle devait, en grande partie, aux

clubs, et notamment à celui des Jacobins, la destruction de la seconde.

Rien d'étonnant, dès lors, à ce que, désormais, le législateur, devenu de la sorte complétement radical, juge à propos, non plus seulement de tolérer, mais encore d'encourager, de toutes les façons possibles, une institution qui vient de lui donner un si bon coup de main.

A partir donc de ce moment-là, les dits clubs vont, dans la loi elle-même, trouver une protection dévouée, et même y revêtir, en quelque sorte, un caractère *officiel* qui les élève, de simples créations privées qu'elles avaient été seulement jusque-là, presque à la hauteur des autorités constituées elles-mêmes; dont elles vont ainsi partager une partie des attributions.

Ainsi, dès le 13 *juin* 1793, un décret conventionnel, complété plus tard par un autre du 25 *juillet*, est venu défendre, sous les peines les plus sévères, à tout pouvoir local, de s'aviser d'interrompre leurs séances, quelque agressives et même quelque dangereuses qu'elles puissent paraître à celui-ci : devenu, de la sorte, jusqu'à un certain point, leur simple égal, sinon même leur inférieur, politique.

Prescription dont nous avons, d'ailleurs, cité, pour *la Manche*, une application judiciaire—à propos d'une poursuite, en brumaire an III, contre le maire de *Montmartin-en-Graignes* — dans notre livre, non encore paru, sur les *Juridictions ordinaires* de ce département *pendant la Révolution*, chapitre IV : *Des Actes inciviques.*

Puis, par décrets des : 29 *septembre* 1793, 18 *vendé-*

miaire, 18 *frimaire*, et 2 *nivôse*, an II, ces associations reçoivent, indistinctement, la mission légale de surveiller, chacune dans sa localité, la fourniture régulière et complète des divers approvisionnements de l'armée.

De même, un autre, du 13 *pluviôse suivant*, les chargera de concourir, dans chaque endroit, à la répartition officielle, des secours publics, entre les nécessiteux.

C'était déjà là leur accorder bien de la confiance. Mais, ce qu'il y eût de plus significatif encore peut-être, sinon de plus grave, à cet égard, ce fut de leur recommander, comme le firent les lois des : 3 *brumaire*, et 22 *frimaire*, an II, non-seulement la *destruction des armoiries*, mais encore la *dénonciation des conspirateurs* — c'est-à-dire, en fait, de tous ceux qui ne savaient pas se monter à leur niveau d'exaltation jacobine, et, quelquefois même, de ceux là contre lesquels on n'avait rien à objecter que l'inimitié personnelle à eux portée par les chefs des dites associations devenues, de la sorte, les auxiliaires officieux et presque officiels de la police politique.

On comprend facilement qu'arrivées à cette hauteur de protection, ou plutôt de déférence, légale, les Sociétés populaires n'avaient plus à se gêner vis-à-vis de qui que ce fût, et pouvaient, presque impunément, se permettre — ce qu'elles se permettaient, effectivement, tous les jours — les actes les plus extrêmes et les plus arbitraires, en fait de dilapidation de la fortune soit publique soit privée, comme d'attaques iniques à la sécurité personnelle des particuliers et même des fonctionnaires quelconques du pays : empressés, d'ailleurs, en général,

les uns et les autres, de prêter main-forte à des institutions investies, par les circonstances politiques du moment comme par la loi elle-même, d'aussi redoutables
attributions.

Est-ce à dire cependant que celle-ci n'avait jamais
prévu, ni cherché à réprimer, soit d'avance, soit après
coup, les abus sans nombre dont les dites sociétés pouvaient ainsi se rendre coupables?

Elle l'avait, au contraire, dans le début du moins,
plusieurs fois essayé, par des dispositions qu'il faut ici
mentionner.

Et d'abord elle avait, le 19 *juillet* 1791, soumis leur
ouverture même à une déclaration préalable à chaque
municipalité, sous peine d'une amende; que, dans notre
travail précité sur les *Juridictions de la Manche pendant la
Révolution*, nous voyons infliger, le 29 décembre 1792,
par la police municipale de *Coutances*, à l'ex-chapelain
de la cathédrale, *Desplanques-Vantigny*, pour avoir, sans
la dite déclaration, tenu chez lui des rassemblements reli-
gieux présidés par des prêtres non assermentés (voir le
chapitre II du dit travail : *De la crise religieuse*).

Mais on comprend sans peine l'insignifiance complète
d'une semblable prescription, ne subordonnant d'ailleurs
en rien l'existence des sociétés dont s'agit à l'autorisation
de l'administration, à laquelle elles n'avaient ainsi à s'a-
dresser préalablement que pour la forme.

Sans doute, en cas de trouble violent à l'ordre public
ou privé, commis par elles ou aux cours de leurs séances,

la loi pénale ordinaire, et notamment le décret, sur l'*organisation judiciaire*, du 16-24 *août* 1790, dans son chapitre relatif à la police municipale, permettait d'en atteindre *individuellement* les auteurs; que continueront, de même, à frapper, par le fait, selon les cas, une foule d'autres dispositions, de droit commun, postérieures à celle-ci.

Mais ce n'était encore là qu'un frein bien impuissant aux excès de toute sorte dont elles pouvaient se rendre *collectivement* coupables; et il y avait, à cet égard, urgente nécessité de dispositions légales à elles spécialement applicables.

De là : la prohibition à elles faite, dès le 18 *mai* 1791, de pétitionner, — comme elles s'avisaient de le faire souvent — en *nom collectif*, auprès des autorités constituées, de façon à gêner ainsi, sans responsabilité possible, les décisions normales de celle-ci; et, plus tard, le 29 *septembre suivant*, la défense légale, à elles adressée sous peine d'amende et même de prison contre leurs chefs, de rédiger de semblables requêtes, et surtout d'attaquer, ainsi, ou de toute autre manière, les dites autorités, que, dès alors, elles prétendaient journellement assujettir à leur suprématie populaire.

Mais on comprend facilement, qu'avec, surtout, la marche progressive des événements politiques se succédant depuis lors, de pareilles dispositions dussent promptement devenir lettres-mortes; et cela du consentement, au moins tacite, du législateur lui-même, du législateur conventionnel principalement, qui, s'étant lui-

même servi du levier jacobin, pour renverser définitivement la Royauté, faire périr le roi, et finalement livrer à
l'empire exclusif de la Montagne l'ensemble de la Représentation nationale, ne pouvait, rationnellement, se montrer sévère, ni même simplement hostile, à des manifestations, illégales et criminelles sans doute, mais dont il
avait été tout le premier à bénéficier.

Aussi ne faut-il pas s'attendre à le voir porter de dispositions nouvelles, ou seulement raviver les anciennes,
contre de semblables abus. En ce qui les concerne, il se
taira désormais, et pour cause ; sauf, toutefois, à se ré-
veiller un instant pour interdire quelques Sociétés populaires proscrites par les Jacobins, et, par exemple, le
6 *août* 1793, celles dites des *Carabots*, qui s'étaient naguère, en juin précédent, partout et notamment en Normandie, signalées, comme on le verra mieux plus loin,
par leurs tendances anti-montagnardes, sinon réellement fédéralistes ainsi que le prétendaient leurs adversaires.

C'est donc avec une sorte de surprise, qu'on le verra,
le 9 *brumaire an II*, interdire à l'avenir les clubs *de
femmes ;* dont un , dit des *femmes républicaines*, présidé
par la citoyenne *Lacombe*, avait été, du moins à ses débuts, formellement patronné par la société centrale des
Jacobins elle-même, qui lui avait, en faveur de sa couleur franchement montagnarde, accordé sa pleine adhésion, et même ouvert une salle de séances à côté de celle
qu'il occupait personnellement (voir, sur ce point, le *Moniteur*, à la date du 13 mai 1793).

Mais il faut dire aussi que le dit club avait promptement abusé d'une semblable protection, pour engager, sous prétexte de puritanisme montagnard, des rixes insensées et préjudiciables à la cause même qu'il prétendait servir, notamment avec les dames de la Halle parisienne, qu'il voulait contraindre à porter, non-seulement la *cocarde* nationale — qui était, elle, de rigueur — mais encore le *bonnet rouge* — dont le revêtissement, bien que recommandé par les purs, était encore alors laissé à la bonne volonté patriotique de chacun (voir *ibid.* à la date des 9 et 10 brumaire an II.)

De là sa suppression, le 8 brumaire, et aussi, pour prévenir la réitération future de semblables équipées de nature à exaspérer, contre les Jacobins eux-mêmes, des catégories tout entières de citoyennes avec lesquelles il fallait bien compter, la prohibition générale du lendemain, ci-dessus rapportée.

Celle-ci n'empêchait pas, toutefois, bien entendu, la gent féminine de continuer, ainsi qu'elle le faisait assidûment depuis longtemps, et en y plaçant plus d'une fois son mot, à fréquenter, comme spectatrice, les clubs masculins; auxquels, au contraire — sans doute pour mieux assurer, sinon leur surveillance, au moins leur efficacité révolutionnaire — une publicité complète, existant du reste de longue date en fait, se trouvait désormais officiellement prescrite par la loi même en dernier lieu citée.

Et ce n'est qu'après le 9 thermidor, en vertu d'une loi du 4 *prairial an III*, rendue sous l'empire d'une réaction modérée déjà de nous connue, que les républicaines se verront enfin enlever une pareille latitude; dont, en attendant, et surtout jusqu'à la fin de la Terreur, elles ne cesseront d'user largement.

Telle est, au surplus, la seule entrave que, tant que dura celle-ci, la Convention se soit jamais permise d'apporter aux excès quelconques des Sociétés populaires ; auxquelles elle se montrait, d'ailleurs, comme nous le savons, directement si favorable.

Il faut, pour voir se réaliser enfin quelque amélioration à cet égard, franchir la date historique sus-indiquée, pour se transporter à un moment où le bon sens, comme l'humanité, peuvent enfin faire entendre leur voix trop longtemps comprimée.

Mais alors tout va progressivement changer de face aussi en cette matière; et le souvenir de leurs anciens excès va bientôt amener la destruction des redoutables associations dont nous avons plus haut dépeint le triste rôle politique antérieur.

Dès le 16 *vendémiaire an III,* ordre est donné, par la Convention désormais elle-même purgée de ses principaux tyrans de la veille, aux *Jacobins* de Paris — qu'il s'agissait avant tout de dompter — de *s'épurer* au plus vite, c'est-à-dire de chasser, sans désemparer, de leur sein, les plus ardents terroristes qui s'y trouvent encore Et, comme cette injonction ne s'exécute pas, ou s'exécute mal, de la part de gens continuant à afficher tout haut, et à l'encontre désormais de la volonté législative, leurs principes et leurs projets subversifs, un autre décret, du

25 du même mois, vient bientôt commencer leur destruction, en rompant présentement, et interdisant à l'avenir, toute affiliation entre'plusieurs Sociétés populaires ; avec, en outre, défense nouvelle, à toutes, de présenter des pétitions en *nom collectif*, alors même que chacune d'elles n'agirait plus, en cela, que pour son propre compte.

Mais tout cela n'est que l'avant-coureur prochain d'une mesure bien plus radicale, que nous connaissons déjà, à savoir : la fermeture complète et définitive du célèbre club, en vertu d'un décret conventionnel du 22 *brumaire an III ;* bientôt complété, en Province, par les arrêtés des représentants en mission, qui, partout, y détruisent successivement ses diverses succursales.

Nous savons également qu'à celles-ci, se substituent aussitôt, en maint endroit, de nouvelles Sociétés populaires, mais, cette fois, anti-jacobines, et où les réactionnaires, de chaque localité, viennent désormais librement exhaler leurs haines et leurs récriminations, plus ou moins légitimes, contre leurs tyrans de la veille.

De là, comme nous l'avons vu, de nombreux et violents conflits, entre ces deux catégories si distinctes de citoyens ; dont celle qui a de la sorte enfin eu le dessous et vu d'ailleurs, à l'instigation de l'autre, toute fonction publique, et même toute liberté d'action, lui être désormais ravie, va, dans mainte circonstance, essayer de reconquérir, par la force au besoin, son ancienne suprématie et ses anciens priviléges politiques ; qu'elle ne peut tolérer de voir ainsi passer aux mains de ses vainqueurs, dont le patriotisme, ou en tout cas le républica-

nisme, sont d'ailleurs souvent des plus suspects en réalité malgré toutes les affirmations intéressées de ceux-ci
à cet égard.

Il était donc, dans l'intérêt même de la sécurité publique, grand temps d'en terminer enfin avec une aussi
dangereuse institution, de quelque couleur qu'elle se
revêtit, et de la supprimer légalement sans retour, pour
se débarrasser ainsi d'une plaie qu'aucun palliatif n'était
susceptible de guérir.

C'est ce que finit par reconnaître la Convention elle-
même, après l'avoir jadis si fortement soutenue ; et elle
crut à propos de profiter de la nouvelle constitution du
5 *fructidor an III*, par elle édictée *in extremis*, pour réaliser cette mesure générale depuis si longtemps désirée par
tous les gens raisonnables : justement alarmés de voir
subsister, au milieu d'eux, des foyers si ardents de trouble public, ne pouvant tout au plus servir qu'à alimen-
ter la curiosité malsaine d'une foule par ceux-ci préalablement pervertie ou au moins désœuvrée.

Aux termes de cette constitution elle-même — à cet
égard d'ailleurs complétée par une loi, du *lendemain*,
ordonnant la fermeture immédiate de tout *club* proprement
dit alors existant — il est désormais interdit d'ouvrir,
sous un titre quelconque, une réunion de cette nature.

Sans doute, elle laisse encore la latitude de former
des associations, même politiques, *privées*. Mais celles-ci
ne doivent, sous peine de suppression immédiate, ni
tenir de séances publiques, ni s'affilier entre elles, en un
mot présenter, en fait, dans leur composition, aucun des

caractères qui jadis servaient à reconnaître les premières, qu'autrement elles en arriveraient à ressusciter facilement d'une façon indirecte.

Telle est, en cette matière, la nouvelle situation légale, qui, sauf de légères fluctuations législatives que nous allons plus loin faire connaître, va désormais la régir jusqu'à la fin de la Révolution, et doit, par suite, servir ici de base à la continuation de notre récit général.

Celui-ci n'est pas, en effet, encore tout-à-fait terminé, même à beaucoup près

Car, on conçoit que, malgré cette mesure de prudence destinée à couper ici le mal dans sa racine, les deux partis en présence — à savoir : les Jacobins, d'une part, et les réactionnaires royalistes, de l'autre — n'allaient pas pour cela désarmer, et allaient, au contraire, continuer, pendant longtemps, leurs menées respectives, en se servant toujours, ou du moins en essayant de se servir, du levier, si puissant, des associations politiques, pour les conduire, s'il se pouvait, à bonne fin.

Sans doute, on ne pouvait plus user, à cet égard, des Sociétés populaires proprement dites, mais il restait toujours libre d'y suppléer, jusqu'à un certain point : soit par les réunions *électorales*, notamment des *sections* de Paris, dont la légalité était en quelque sorte de droit naturel et continuait forcément d'être reconnue par la législation nouvelle; soit, aussi, par des réunions *privées*, formellement respectées par la constitution même de l'an III, et auxquelles, grâce même à la clandestinité que celle-ci leur avait imposée, il était si facile de redonner, en fait, une grande partie du caractère et de la force politique des anciens clubs désormais prohibés.

On ne tarda pas à s'en apercevoir !

D'abord de la part des royalistes, qui, le 13 vendémiaire an IV, voulurent employer les sections sus dites — dont la permanence en dehors de la période électorale, jadis prohibée formellement par la loi, déjà citée, du 18 *mai* 1791, avait au contraire été autorisée, dans l'intérêt du recrutement militaire national, par celle du 28 *juillet* 1792, — pour essayer un coup d'Etat violent destiné à renverser, par les armes, le gouvernement existant, et à y substituer à nouveau la monarchie.

Une telle tentative ne devait pas, il est vrai, réussir, grâce aux dispositions vigoureuses immédiatement prises par Bonaparte, alors à ce requis, par la Convention, pour l'empêcher; mais elle suffisait pour signaler le danger de la situation intérieure, de ce côté, et la nécessité de licencier de suite, comme le fit effectivement le décret du 17 *vendémiaire*, les sections parisiennes, qui l'avaient un instant fait naître.

Il fallait donc alors, à ce parti, chercher désormais d'autres moyens de réussite, ou au moins de combat, et il les rencontra facilement dans la création, en maint endroit, et notamment dans la capitale, de ces prétendues réunions *privées*, légales en apparence, mais qui, au fond, n'étaient que de véritables *clubs* déguisés ; où les conspirations politiques devaient trouver un aliment abondant et sans cesse renouvelé, et dont le principal, ouvert à Paris même, devint bientôt célèbre sous le nom de Club de *Clichy*, du nom de la rue où il s'était installé.

Il faut dire aussi que, de leur côté, les anciens Jacobins — furieux de leurs récentes défaites et de la tournure, relativement modérée, que le gouvernement du Directoire, remplaçant la Convention depuis le 4 brumaire an IV, paraissait vouloir continuer de donner à la politique intérieure, tout en maintenant, dans leur principe du moins, la forme et les institutions républicaines — n'avaient pas, non plus, renoncé à leurs attaques, même matérielles, pour recouvrer enfin leur suprématie de jadis, et avaient, eux aussi, cherché, dans des réunions analogues aux précédentes quoique d'une nuance naturellement toute opposée, le moyen de se préparer la conquête d'un semblable but.

C'est surtout à Paris, au club dit du *Panthéon*, qu'ils se réunissaient, au nombre de plusieurs milliers, pour y comploter ainsi leur revanche future, et préparer, au besoin, de nouvelles agressions armées, qui réussiraient peut être, cette fois, mieux que celles, avortées, des 12 germinal et 1ᵉʳ prairial de l'année précédente.

Le péril devenait donc grand, aussi de ce côté, et, pour s'y soustraire, le Directoire exécutif crut prudent de faire, le 8 *ventôse an IV*, fermer — avec l'autorisation, du reste, du Corps législatif — le club en question, de même qu'au surplus, pour faire preuve d'impartialité, quelques-unes des réunions royalistes de la capitale; en motivant, et à bon droit, cette décision sur l'inconstitutionalité, sinon apparente, au moins réelle, de semblables conciliabules.

Mais ceux-ci avaient déjà trop bien produit leur effet, notamment de la part des ex-Jacobins; comme le prouva bientôt : et la conspiration, d'ailleurs inutile, de *Babeuf*, en floréal an IV, et l'attaque à main armée, mais *sans* succès, du *camp de Grenelle*, en fructidor suivant.

Le Directoire venait encore là, toutefois, d'avoir le dessus, et d'échapper aux attaques répétées de l'ancien parti terroriste. Mais, une fois rassuré provisoirement de ce côté, il allait bientôt avoir à redouter un péril non moins grand, quoique d'une nature plus pacifique en apparence, de la part de la faction contraire; à ce puissamment aidée par les réunions politiques qu'elle avait su partout organiser et maintenir en fait, en dépit de toute prohibition gouvernementale à ce sujet.

Effectivement, grâce surtout à celles-ci, et notamment à la principale d'entre elles, c'est-à-dire au club de *Clichy*, les élections partielles de l'an V amenèrent subitement, au Corps législatif et particulièrement au Conseil des *Cinq-Cents*, une masse de députés royalistes, qui, se réunissant de suite à leurs collègues de même opinion qui s'y trouvaient déjà, y composèrent alors une majorité rétrograde, avec laquelle ils se mirent, sans désemparer, à entreprendre, contre la minorité républicaine du dit corps ainsi que contre le pouvoir exécutif lui-même, une guerre de décrets réactionnaires destinés à saper progressivement la forme actuelle du gouvernement français; en attendant qu'une occasion favorable leur permit de le ren-

verser tout-à-fait, pour y substituer la restauration monarchique.

Comment obvier, de la part des partisans sincères du
premier, à une pareille menace?

Cela semblait difficile à faire, du moins à l'amiable.

On l'essaya pourtant d'abord, sinon dans le gouvernement lui-même, où cela était provisoirement irréali-
sable, au moins en dehors et à l'aide encore de réunions —
privées en apparence et populaires en réalité — destinées
à neutraliser l'action parallèle, et toujours subsistante, des
clubs royalistes ; et, cette fois, composées, du côté ad-
verse, non-seulement de Jacobins en retraite, mais encore
de républicains plus ou moins modérés.

Il s'en établit bientôt un grand nombre, qui prirent
toutes invariablement le nom de *Cercles constitutionnels*,
et dont le principal s'installa à Paris rue *du Bac*.

C'était là, en quelque sorte, une contre-mine, de nature, comme de destination, à ramener de la cohésion
dans le parti révolutionnaire de toutes nuances en présence du péril commun qui les menaçait indistinctement,
et à lui reconquérir aussi l'adhésion du public, que les
menées adverses lui avaient si bien détournée dans les
derniers temps.

Les monarchiques du Corps législatif d'alors ne tardèrent pas à s'en apercevoir. Aussi, voulant arrêter de suite
cette dangereuse croisade de leurs ennemis politiques,
se décidèrent-ils — bien qu'en sacrifiant ainsi leurs propres conciliabules, et même celui de *Clichy*, qui leur
avait naguère rendu tant de services — à interdire, par

une loi du 7 *thermidor an V* — destinée, en réalité, à étouffer au berceau les cercles constitutionnels qui venaient d'apparaître, — toutes les réunions politiques, même simplement et réellement d'un caractère *privé*; encore bien que la constitution de l'an III eut positivement, comme nous le savons, autorisé ces dernières.

Désormais débarrassés de la sorte, coûte que coûte, de ces dangereux rivaux de leurs propres clubs, les députés royalistes crurent pouvoir continuer, désormais sans encombre, leur campagne subversive, et même la mener bientôt à fin par une abrogation officielle et directe du gouvernement républicain.

Mais ils avaient à cet égard compté sans la prévoyance et aussi l'énergie du Directoire exécutif, qui, se voyant ainsi définitivement acculé, et en présence d'un péril de vie ou de mort politique, n'hésita pas — dans son intérêt personnel, sinon dans celui de la République elle-même, — à prendre, pour échapper à une telle perplexité, les devants d'un coup d'Etat illégal, et, en ce aidé par la force armée, à briser violemment, par celui du 18 fructidor an V, la résistance et même la mission législative de ceux-là qui venaient ainsi de menacer sa propre existence.

Puis, après en avoir de la sorte purgé le Corps législatif naguère par eux si complétement dominé, il s'empressait, au moyen de la minorité républicaine de celui-ci, de détruire, dans une loi du *lendemain*, la plupart des mesures intéressées jadis prises par eux, et,

entre autres, celle du 7 thermidor, dont nous avons parlé
tout à l'heure; en rétablissant ainsi la liberté antérieure
des réunions politiques privées: sauf toutefois, désormais, pour le Gouvernement, la faculté de fermer administrativement celles où il serait professé — bien que
dans l'intimité de leurs seuls membres — des principes
contraires à la constitution de l'an III. Restriction qui,
tout en épargnant, naturellement, les sociétés républicaines futures, avait forcément pour but, et aussi pour
effet, de frapper d'une mort anticipée les conciliabules
monarchiques de l'avenir.

Ceux-ci — qui, d'ailleurs, sous le régime nouveau, de
prédominance républicaine sinon jacobine, ainsi brusquement installé au sein du pouvoir législatif lui-même,
n'auraient guère eu de chance de réussir désormais à
faire triompher leurs opinions, — n'osèrent donc plus
reparaître, et restèrent fermés pendant tout le reliquat de
la période révolutionnaire.

Mais il en fut, comme on le pense bien, tout autrement des réunions libérales et même montagnardes, qui,
partout, s'empressèrent de renaître, soit sous l'ancien
titre de *Cercles constitutionnels*, soit sous tout autre; mais
le plus souvent avec le véritable caractère, non pas d'une
simple association *privée* — telle que la tolérait seulement
la loi — mais bien d'un *club* politique proprement dit —
dont la constitution de l'an III, toujours en principe
existante, continuait d'interdire formellement l'ouverture,

Et l'on comprend de suite le nouveau danger résultant,

pour un gouvernement, même sincèrement républicain, d'une semblable transgression ; à l'aide de laquelle surtout on allait forcément voir reparaître, du moins jusqu'à un certain point, les inconvénients si graves de l'ancienne tyrannie terroriste, qu'une agitation politique opposée ne pouvait plus d'ailleurs, comme naguère, venir tant soit peu neutraliser.

Et ce danger ne devait pas tarder à se réaliser, en effet, par la résurrection même de ces Sociétés populaires mal déguisées, et, entre autres, de l'ancien cercle constitutionnel de la *rue du Bac*, dont les allures ultra-radicales s'affichaient hautement dans des séances qui, par leur violence, devenaient une source d'exaltation et d'excitation continuelles, non-seulement pour ses membres proprement dits, mais encore pour ses nombreux adhérents du dehors.

Le Directoire exécutif, comprenant bien vite le péril de semblables manifestations, tant pour le repos public, que pour sa propre sécurité qu'elles compromettaient en attaquant son modérantisme relatif, crut devoir bientôt — au risque de frapper, cette fois, sur les siens — y couper court, par des mesures de rigueur, dont la loi du 19 fructidor an V, précitée, lui laissait, du reste, en pareil cas, toute la latitude.

C'est ainsi qu'il fit fermer, le 18 *ventôse an VI*, le club sus dit ; et, en outre, le 22 *du même mois*, rendre, à la même occasion, par le Corps législatif, une loi générale nouvelle, qui, tout en ravivant des prescriptions existant déjà à cet égard, vint menacer, de fermeture immédiate, toute société, même privée, de la part de laquelle se produirait : non-seulement — comme on s'était borné, jusque-là, à le défendre, — un acte véritablement *collectif;* mais même un acte purement *individuel*, et personnel, d'un ou de plusieurs de ses membres, dès lors que ceux-ci le signeraient en énonçant cette dernière qualité.

Cela n'empêcha pas, toutefois, de voir, l'année suivante, un club nouveau : celui du *Manége*, s'ouvrir, dans la capitale, à la faction jacobine, et y reproduire, à peu de choses près, les mêmes excès de langage, et par suite les mêmes dangers d'action, que le précédent; dont il dut, en conséquence, subir bientôt le sort, par sa suppression qui s'opéra le 8 *thermidor* de la dite année.

Mais, en le mentionnant, nous voici, à présent, arrivés, par la survenance, presque immédiate, du 18 brumaire an VIII, à la fin même de la Révolution, ou du moins à une ère politique d'acheminement vers l'Empire, où notre étude historique générale sur cet intéressant sujet doit naturellement s'arrêter ; puisque, de cette façon, la République, sous laquelle nous devions seulement poursuivre celle-ci, est désormais supprimée par le fait, et que, d'autre part, le caractère même du régime nouveau laisse assez deviner que, du moment qu'il gouverne, il n'y a plus à songer à l'existence, même restreinte, d'une institution aussi démocratique, et, en tout cas, aussi indisciplinée, que l'étaient les anciennes sociétés dont s'agit.

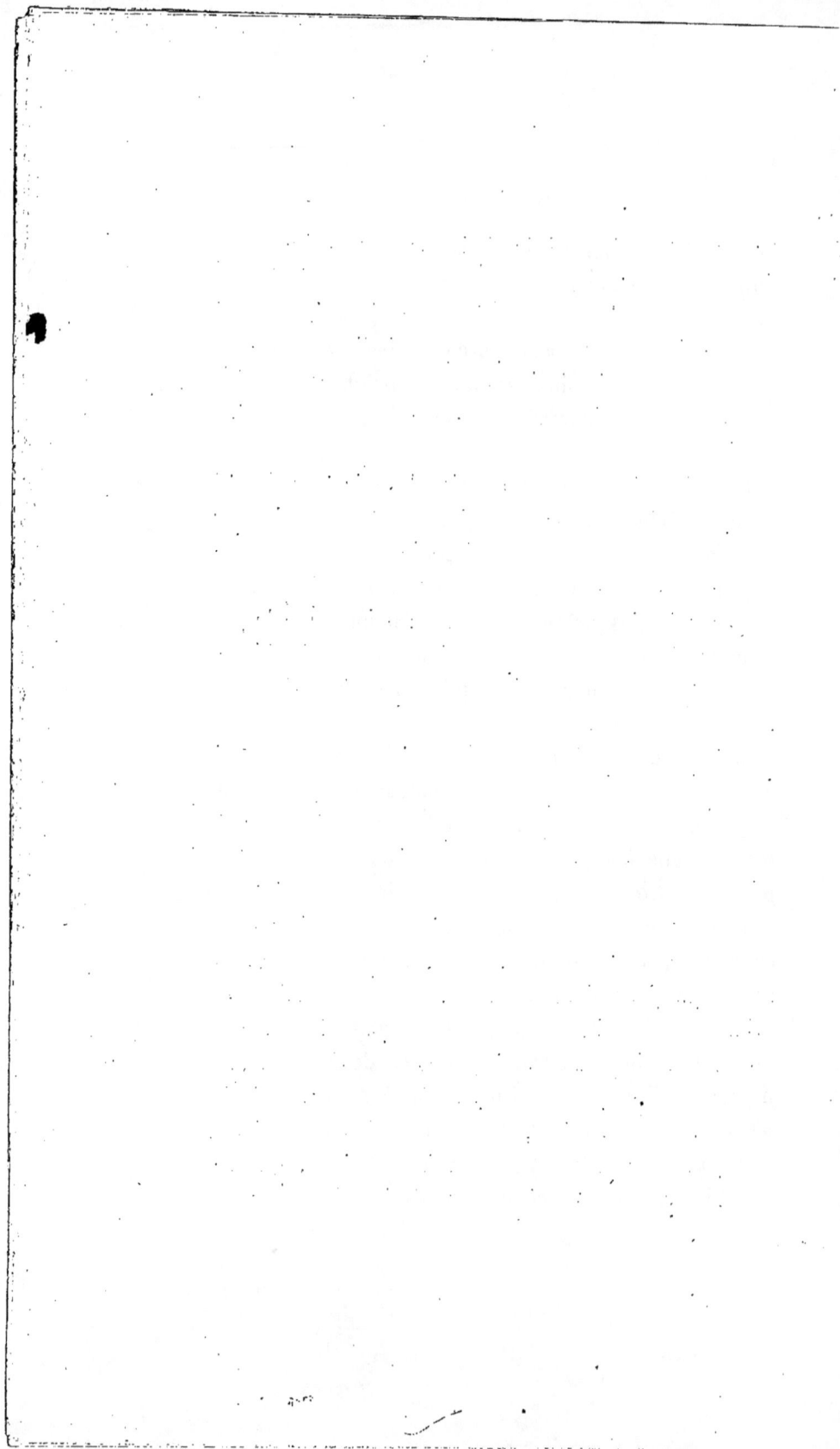

1

LES

SOCIÉTÉS POPULAIRES

COUTANÇAISES

———•×⊗×•———

Le moment est, à présent, venu, de nous occuper spécialement, à la lueur de cet historique général préliminaire, des Sociétés populaires, ou clubs, que la Révolution fit éclore à *Coutances*, comme, au reste, dans la plupart des autres villes, et jusque dans de simples villages, de notre département.

Nous nous proposons de le faire le plus succinctement, mais en même temps le plus complétement, possible:

de façon à dévoiler suffisamment, au moins dans ses traits principaux, cette face, si intéressante, de notre histoire locale récente. Et, en la révélant pour la première fois au public, nous aurons d'ailleurs soin de ne nous appuyer, dans notre récit, que sur des documents irréfutables, par nous souvent cités, et que l'on puisse, de la sorte, aisément vérifier.

Sans doute, ceux-ci, tels qu'ils subsistent aujourd'hui, ne sont pas toujours aussi nombreux et aussi complets que nous l'aurions désiré. Nous avons, surtout, à regretter la disparition de la plupart des *registres* de séance et de délibérations des réunions en question. Mais cependant, tels qu'ils sont, et tels qu'on les rencontre notamment aux *Archives municipales* de cette ville, ils suffiront amplement, comme on le verra, à l'accomplissement de notre tâche, du moins quant aux points capitaux qu'elle avait à embrasser.

C'est à l'année 1790 qu'il nous faut d'abord nous reporter. Car, dès alors, Coutances allait posséder un club, et même plusieurs, de diverses nuances du reste.

Club des *Amis de la Constitution*

Il y en avait d'abord un, dit des AMIS DE LA CONSTITUTION, que nous voyons mentionné, le 14 décembre de la dite année, sur les *registres* des séances du *Département de la Manche*; devant lequel il se présente alors, par une délégation ayant à sa tête son président, *M. Lepigeon de Boisval*, pour remercier cette administration d'avoir bien

voulu prendre, sur sa recommandation, comme biblio-
thécaire, le sieur *Costin*, ex-bénédictin, qu'il comptait
parmi ses membres.

(Voir le dit *registre*, aux Archives de la Manche, où se trouvent
aussi tous les autres de la dite administration départementale.)

Ce club — dont nous ne savons pas la date exacte de
création, et sur lequel nous n'avons, en général, que des
renseignements incomplets, sur la disparition totale de
ses archives et notamment de ses registres — portait,
comme nous venons de le voir, le nom primitif de celui
des Jacobins de Paris. Mais il ne devait jamais prendre
la nuance exaltée que revêtit si promptement celui-ci.

Il était, effectivement, au début, et il resta tant qu'il
eut vie, en majorité composé de gens modérés ; comme
le prouve à suffire l'énumération d'un grand nombre
d'entre eux, au bas de certaines pièces éparses le con-
cernant, et, entre autres, du manifeste sermentaire dont
nous allons parler tout à l'heure.

Sans doute, tous étaient, en général, dans le sens des
idées nouvelles ; et, à cet égard-là, il ne peut pas y avoir
le moindre doute.

C'est pour cela que nous voyons leur corporation pu-
blier, au commencement de 1791, une *adresse*, imprimée,
à ses *frères* du département de la Manche — c'est-à-
dire aux habitants en général, et en particulier au clergé
de celui-ci, — en faveur du *serment constitutionnel*, à ce
moment-là exigé des prêtres revêtus de fonctions ecclé-

siastiques ; et, de la sorte, engager ces derniers à le prêter sans scrupule.

(Voir la dite adresse dans NOTRE *collection particulière*.)

Dans un esprit semblable, et comme conséquence directe d'une pareille doctrine , la dite société ne manquait pas, le 6 février de la même année, de se joindre à une ovation populaire, alors faite à deux ecclésiastiques de la ville : les sieurs *Prat*, ex-dominicain , et professeur du collége local, et *Gondouin Lacour*, ex-chanoine de la cathédrale, à l'occasion de leur récente prestation du dit serment.

(Voir le *procès-verbal*, imprimé, de cette démonstration, dans NOTRE sus dite *collection*.)

Puis, par suite de la même opinion sur le sujet en question, on la voit, le 21 du même mois, aller — de même qu'un autre club, de la localité, dont nous parlerons tout à l'heure — féliciter d'avance, dans la salle de leurs opérations , les électeurs de la Manche -- qui vont y nommer un *évêque constitutionnel* en remplacement de l'ancien prélat, du diocèse, *réfractaire* au serment précité — d'avoir accompli cette mission civique, et de l'avoir fait de façon à amener un choix qui avait l'assentiment général.

(Voir encore *ibid.* le *compte-rendu*, imprimé, de la dite élection.)

Aussi, quand le nouvel élu, *Bécherel*, ex-curé de St-Loup, vient à Coutances, prendre possession de son siége épiscopal, le 10 avril suivant, les *Amis de la Constitution* ne manquent-ils pas de lui rendre un hommage empressé et éclatant, en allant au-devant de lui avec les autorités de la ville, et, de plus, en lui adressant, par un des leurs, un discours aussi élogieux qu'ampoulé selon la mode du moment.

(Voir le *procès-verbal*, imprimé, de la dite réception, dans la collection de M. GUISLE, libraire à Paris.)

C'était donc bien là, en définitive, une société, suivant le mouvement rénovateur de l'époque, et même révolutionnaire dans le sens général du terme.

Mais, comme, en définitive, elle était, en même temps, modérée, par la composition même de son personnel principal, nous ne la voyons jamais prendre part aux excès véritables que nous aurons tout à l'heure à signaler chez une autre association politique de la localité.

Il était donc tout naturel qu'avec la marche croissante des événements dans le sens démagogique, elle disparût promptement de la scène publique. Et c'est ce qui eût, effectivement, lieu. Car nous n'en trouvons plus trace après l'année 1791.

Il est, du reste, probable qu'au moment de sa dissolution, et peut-être même avant, les plus avancés de ses membres — dont nous n'avons pas de données suffisantes pour fournir ici la nomenclature — passèrent dans le club *jacobin* coutançais dont nous allons bientôt nous occuper; de même que, plus tard, nous retrouverons une partie des autres, dans la société *Girondine*, des *Carabots* de la localité, que nous mentionnerons également en son lieu.

Mais une durée bien plus longue devait être assurée à une seconde association politique coutançaise, déjà plusieurs fois ci-dessus visée, et que nous avons maintenant à étudier en détail, comme la plus importante de celles soumises à notre examen.

Club des *Amis* de la *Liberté* et de *l'Egalité.*

Nous voulons parler de la Société populaire *Jacobine* des Amis de la Liberté et de l'Égalité, de Coutances.

Ici, d'ailleurs, les renseignements seront bien plus nombreux, et nous les puiserons, pour la plupart, dans les archives mêmes de la dite association ; qui se trouvent encore aujourd'hui, à la *mairie de la ville*, parmi les siennes propres.

Sans doute, là encore, nous aurons à regretter bien des lacunes, faciles d'ailleurs à constater par l'*inventaire* — à nous conservé dans le carton 149, cote 10, de ces dernières — qui fut, le 26 ventôse an III, dressé, par la municipalité locale, des meubles et papiers de la dite société, après la fermeture qui venait d'avoir lieu de celle-ci.

Ainsi, au lieu des trois *registres* de ses séances et déli-

bérations, qui existaient alors, de 1790 au 23 ventôse
an III, nous n'en n'avons plus qu'un, contenant 125
feuillets, et allant du 13 prairial an II à la dernière date
sus indiquée; avec cette épigraphe, inscrite sur sa première page : *La liberté ou la mort.*

Mais, quoi qu'il en soit, nous trouverons facilement,
dans celui-ci — qui, du reste, comprend forcément, vu
la période même qu'il embrasse, la partie la plus intéressante d'un semblable sujet — et aussi dans les quelques pièces, à lui relatives, contenues dans le carton
municipal sus dit, — sans préjudice d'une foule de men-
tions s'y rapportant dans divers actes administratifs ci-
après également cités, — ample provision de documents,
pour faire suffisamment connaître la singulière institution
dont s'agit.

C'est également dès 1790 que nous la voyons paraître
dans notre localité.

Nous avons même, par l'*inventaire* précité, la date
précise de sa naissance, ou plutôt de sa conception non
encore rendue officielle : elle remonte au 5 mars de la
dite année.

Son créateur nous est également connu.

C'était un sieur *Le Mithois*, alors rédacteur d'une feuille
périodique locale, fort curieuse, intitulée : *l'Argus* ou
l'Homme aux cent yeux (M. GUISLE, libraire à Paris, en
possède d'assez nombreux numéros), et qui, l'année
suivante, allait être nommé, par l'administration départementale, professeur au collége de la ville, en remplacement d'un maître ecclésiastique *réfractaire* au serment

constitutionnel (voir *registres du Département*, à la date
du 12 mai 1791).

Il était, effectivement, dès alors, signalé par ses opinions avancées dans le sens révolutionnaire. C'était même
déjà un exalté, et presque un furibond, Jacobin, dont le
fanatisme politique devait naturellement s'accroître encore par la suite, mais en était arrivé déjà à une belle
hauteur ; et qui, après avoir déjà tâché de propager,
dans son journal sus dit, ses idées ultra-libérales, devait
saisir avec empressement le moyen, de l'ouverture d'un
club radical, pour réussir à les mieux répandre.

Il en créa donc un, de concert avec les plus fortes têtes
de l'endroit ; et, après avoir, le 28 août 1790, fait, à la
municipalité, la déclaration préalable en pareil cas
exigée, puis été lire au Département le programme de la
future institution (voir *registres* de celui-ci, à la dite date),
il ouvrait celle-ci dès le même jour, par une séance solennelle tenue dans le local de la classe de logique du
collége précité (voir sur ce dernier point, l'*inventaire* sus
mentionné).

Tel n'était, toutefois, pas le lieu ordinaire où le club
ainsi formé devait continuer de siéger.

Effectivement, nous voyons, sur le *registre* de la *police
municipale* de Coutances (Archives de la Mairie), à la
date du 18 février 1791, qu'alors on se réunissait,
en chambre de loyer, chez un citoyen de la ville, le
sieur *Pourrée* — qu'actionnait, à cette occasion, un de
ses voisins, à raison du vacarme occasionné à ses
oreilles, et de l'ébranlement de murs et de planchers,

causé à son immeuble, par le fait même des dites assemblées.

C'est qu'aussi, dès alors, les membres de celles-ci étaient déjà nombreux : 150 environ (voir le dit *registre*, au même endroit), d'ailleurs sans doute tous agrégés à l'œuvre, et sans compter le public spectateur, qui n'était probablement pas, du reste, au début, comme il le fut plus tard, admis à assister aux séances du dit club.

Quels étaient les noms de ces sociétaires fondateurs, auxquels, d'ailleurs, s'adjoignirent bientôt de fréquentes recrues? C'est ce que nous ne savons au juste. Mais il y a tout lieu de penser qu'ils se trouvent, pour beaucoup du moins, compris dans la liste totale, de son personnel, que présentait l'association au moment de son épuration, en vendémiaire an III, et sur laquelle nous reviendrons plus loin.

Quant à leurs opinions, et quant à la couleur générale de leur corporation, nous les connaissons déjà par avance. C'était là, dès l'origine, une des nombreuses succursales des *Jacobins* de Paris après leur transformation terroriste; et nous savons, du reste aussi que, dès le 7 mars 1791, le *Moniteur* comptait la dite association au nombre des affiliées directes de ce dernier club.

Nous allons, au surplus, voir celle-ci bientôt à l'œuvre.

Effectivement, dès le 6 février de la dite année, nous la voyons organiser elle-même la manifestation publique, déjà plus haut par nous citée, en faveur des prêtres jureurs : *Prat* et *Gondouin-Lacour*.

Puis, elle figure en première ligne, le 20 du même mois, par son président *Le Mithois*, dans les félicitations, également déjà sus mentionnées, aux électeurs de la Manche, à l'occasion de la réunion de ceux-ci pour le choix d'un évêque constitutionnel du département; qu'ensuite elle ne manquera pas d'aller, au premier rang, escorter et complimenter à son arrrivée, dans sa ville épiscopale, le 10 avril suivant.

(Voir sur tous ces derniers points, les documents déjà plus haut cités à l'occasion de ces divers épisodes locaux.)

Mais ce n'est pas tout, sur le sujet en question. Car, le 16 de ce dernier mois, elle s'empressait de dénoncer, au Département (voir les *registres* de celui-ci), en la traitant de *libelle* anti-national, une *lettre pastorale*, condamnatoire du serment ecclésiastique, que venait d'adresser, à son ancien diocèse, l'évêque *réfractaire* du pays : Mgr *de Talaru*, alors député à la Constituante (la voir dans l'*Histoire révolutionnaire de Montebourg*, par M. l'abbé Lecacheux, *p.* 381.)

C'étaient déjà là, de la part du club en question, d'éclatantes manifestations d'un patriotisme exalté. Et il n'est pas, en outre, douteux, que, bientôt, au commencement de l'année suivante, ses membres n'aient pris une part active à l'émeute populaire, qui — sous prétexte de rassemblements anti-sermentaires chez l'ex-chapelain de la cathédrale *Desplanques-Vantigny*, déjà plus haut cité — envahit, le 29 avril 1792, la maison de celui-ci,

sise à Coutances, rue Fontaine-Jouan, et en arracha
brutalement, pour le promener à rebours sur un âne au
travers des rues de la ville et en le menaçant à chaque
pas d'une mort immédiate, l'ex-dominicain *Osmont*, alors
y découvert ; et qui ne dût peut-être, à ce moment-là,
son salut, qu'à son incarcération ordonnée, par l'autorité
locale, pour le protéger contre les énergumènes ameutés
à sa poursuite.

(Voir sur cet épisode, déjà par nous plus haut touché, notre *travail*
à cette occasion précité, sur les *Juridictions ordinaires de la Manche
pendant la Révolution,* chapitre II.)

Mais de telles scènes, si elles faisaient les délices de
leurs auteurs, excitaient, d'un autre côté, l'indignation et
l'effroi de tous les gens modérés : justement alarmés,
d'ailleurs, en général, de la tournure désordonnée que
prenaient déjà les choses politiques, et en particulier du
rôle démagogique en mainte occasion joué par les Sociétés populaires de l'espèce de celle dont s'agit en ce
moment.

Il était, à Coutances même, surtout un homme qu'a-
nimait cette impression si défavorable à l'égard des
dites sociétés et notamment de cette dernière. C'était
l'accusateur public du Tribunal criminel d'alors :
M. *Vieillard de Boismartin*, ancien maire de Saint-Lo,
qui ne se cachait pas pour dire, à cet égard, toute la
répugnance et tout le mépris que lui inspiraient de
semblables institutions.

Il fit plus : à l'occasion même de l'affaire sus dite, et aussi d'autres désordres analogues, qui s'étaient récemment produits dans le département, et que nous avons pareillement racontés dans l'ouvrage précité, il les dénonça formellement, au ministère et même à l'Assemblée législative, comme des causes permanentes de perturbation publique, auxquelles il était urgent d'apporter un frein par des lois restrictives à ce spéciales.

(Voir le *Mémoire*, imprimé, par lui publié à cet effet, dans la *collection* — si importante au point de vue de l'histoire révolutionnaire, — de M. RENARD, agent d'affaires à Caen.)

Mais il allait ainsi, naturellement, exciter contre lui, des haines furibondes, de la part de ceux dont il attaquait de la sorte l'arche jacobine, et surtout de la part de leur grand-prêtre local : le citoyen *Le Mithois ;* qui pouvait même, jusqu'à un certain point, regarder, comme à lui personnelle, une semblable agression.

Celui-ci ne manqua donc pas de lui répondre publiquement, et dans les termes les plus outrageants, en le traitant ouvertement d'*aristocrate*, et en lui annonçant : qu'en conséquence de ses allures rétrogrades, il avait si bien perdu la confiance des nombreux patriotes du pays, qu'il ne serait plus réélu, par eux, à ses fonctions actuelles, lors du renouvellement futur du titulaire de celles-ci.

(Voir la dite *réponse* — qui fut également imprimée — à la BIBLIOTHÈQUE NATIONALE, dans un volume collectif contenant, mêlées ensemble, un grand nombre de plaquettes révolutionnaires, toutes relatives à la Manche).

En présence d'un pareil orage, ainsi amassé, par les Jacobins de la localité, sur sa tête, celui qui, par sa modération même, se l'était ainsi attiré, ne trouva bientôt plus d'autre parti à prendre, que de donner sa démission de son poste officiel ; où les élections de septembre 1792 appelèrent, à sa place, le citoyen *Lemenuet de la Jugannière*, ancien avocat à la dite ville de Saint-Lo, qui — plus avancé d'opinions, et en même temps plus prudent personnellement, que lui — sut toujours, au contraire, se maintenir en bonnes relations avec le club jacobin local, dont il avait, d'ailleurs, eu, dès son arrivée, la bonne idée de se faire recevoir membre.

C'était assurément là un triomphe éclatant pour ce dernier, qui passait ainsi, en définitive, à l'état d'une puissance contre laquelle il n'y avait pas moyen de lutter avec avantage.

Aussi la dite Société prenait-elle désormais tous les jours plus de force, et devenait-elle, en fait sinon en droit, une des principales autorités du pays.

C'est ce dont on a la preuve en la voyant, le 2 septembre 1792 — au moment où le corps électoral de la Manche se trouvait de nouveau réuni à Coutances, et, cette fois, pour y élire des députés à la Convention — adresser, à celui-ci, par simple lettre, l'invitation, acceptée néanmoins de suite avec reconnaissance, de venir la visiter à son local, pour y fraterniser avec elle.

(Voir à cet égard le *procès-verbal*, imprimé de cette élection, notamment dans notre *collection particulière*.)

Mais c'est ce qui résulte, surtout, de la concession gratuite que s'empresse de lui faire, le 28 décembre 1792 (voir ses *registres* à cette date), la municipalité de la ville, pour y tenir désormais ses séances — qui, comme nous le savons, avaient d'abord eu lieu dans une simple chambre de loyer — du local où cette dernière, qui allait les transporter ailleurs, avait jusque-là tenu les siennes propres. C'est-à-dire des appartements naguère occupés, à cet effet, par la dite municipalité, dans l'ancien bâtiment du présidial, sis, rue du Siége, sur l'emplacement du théâtre actuel de la ville.

C'est donc là qu'il faut désormais, à partir du commencement de 1793, aller chercher le club en question; dont nous allons — maintenant qu'il est installé dans un lieu, en quelque sorte officiel, et qu'en fait il ne doit plus quitter jusqu'à sa dissolution — décrire, en quelques mots, l'organisation matérielle définitive.

Occupons nous, d'abord, de son nouveau local, à lui de la sorte administrativement accordé; et voyons comment il s'y trouvait, bientôt, aménagé.

C'est dans l'*inventaire* précité, dressé lors de sa fermeture en ventôse an III, que nous allons, à cet égard, rencontrer les éléments de notre description.

Or, on y voit que le dit local se composait de deux pièces seulement; sans compter un grenier sous les combles du bâtiment en question.

L'une, située au rez-de-chaussée de ce dernier, et d'une

grande dimension, était destinée aux *séances* proprement dites, et dès alors *publiques*, de l'association. Aussi y trouvait-on, entre autres accessoires :

D'abord, un *bureau* pour le président, avec *tribune* pour les orateurs ; le tout surmonté d'une *pique* portant le *bonnet rouge* en tôle peinte (le même, peut-être, qui se voit, encore aujourd'hui, dans le grenier du tribunal civil de la localité), et exhaussé sur une sorte d'estrade lui permettant de dominer le plancher de la salle.

Ensuite, sur celui-ci, un grand nombre de chaises et de bancs — la plupart enlevés aux églises de l'endroit — où devaient s'asseoir les membres ordinaires de la dite société.

Puis, à mi-hauteur du dit appartement, deux *tribunes* destinées aux spectateurs ; dont une pour les *hommes*, et l'autre pour les *femmes*, que l'on avait, avec raison, cru prudent de séparer des premiers.

Le tout orné, ou garni, tout autour des murailles de la pièce en question, de divers ustensiles, ou emblèmes, alors de mode, et propres à agrémenter celle-ci, en même temps qu'à être portés dans les processions extérieures souvent faites par le club, soit seul, soit surtout mélangé aux autres autorités locales.

Par exemple : de tableaux renfermant, soit la formule de *prestation de serment*, des sociétaires, à leur entrée dans l'œuvre, soit la *déclaration des droits de l'homme*, insérée, comme préambule, dans les constitutions, de 1791, et, plus tard, de 1793 ; de piques surmontées, soit de bonnets rouges, en symbole de la Liberté, soit d'étendards rouges, dont un, sur lequel était brodé un *œil* rayonnant, dit *œil de la surveillance*, était censé person- nifier celle que l'usage et bientôt la loi elle-même auto- risaient le club en question à exercer sur les conspira- teurs supposés du pays ; enfin d'images et de bustes de martyrs célèbres de la Révolution morts pour la cause jacobine, et, entre autres, de *Lepelletier de Saint-Fargeau*, et de *Marat*, l'ami du peuple. Sorte de mobilier, ou plutôt de bric-à-brac politique, qui se retrouvait, d'ailleurs, pres- que invariablement, alors, dans tous les lieux de ce genre.

Tel était l'appartement principal du dit local : celui où se tenaient les assemblées publiques, où avaient lieu les discussions, et où se prenaient les délibérations, propre- ment dites, du club en question.

Mais, en outre, il y en avait un autre, sis au premier étage du même bâtiment, et réservé, du moins en géné- ral, aux seuls membres de l'association. A savoir : une *chambre* dite *de lecture*, de dimensions bien plus res- treintes que la première, et où ceux-ci prenaient, quand ils le trouvaient bon, connaissance, des archives sociales, et surtout des divers *journaux*, du temps, dont on avait pris l'abonnement.

Ces feuilles publiques, au nombre de cinq ou six, étaient, d'ailleurs, naturellement, de la meilleure couleur jacobine ; telles que : le *Journal de la Montagne*, le *Jour- nal des Sans-Culottes*, et le *Journal des hommes libres de tous pays ;* sortes de brandons portatifs destinés à alimen- ter sans relâche la flamme patriotique, déjà si vive par elle-même, des maîtres du logis.

Voilà pour le local.

Quant aux règles de l'association, nous pouvons également, dès à présent, les faire connaître, en les puisant, non pas dans le programme primitif proprement dit du citoyen Le Mithois, dont nous n'avons plus le texte, mais, au moins, dans les statuts qui y furent empruntés plus tard et qui, revisés les 20 frimaire, 1er et 2 nivôse an II, furent, à cette dernière date, imprimés en un certain nombre d'exemplaires, dont un se trouve dans la *collection* RENARD, déjà précédemment mentionnée.

On y voit, entre autres dispositions réglementaires :

Que la société en question se composait, comme membres proprement dits, de citoyens fondateurs, puis d'autres élus successivement, par ceux déjà agrégés, à la majorité d'au moins les *quatre cinquièmes* des sociétaires présents au moment du vote — que chaque récipiendaire prêtait, une fois celui-ci rendu en sa faveur, une sorte de *serment civique*, dans les mains du président de la séance, qui lui donnait ensuite le *baiser fraternel* — que ce président n'était autre qu'un des sociétaires eux-mêmes, à ce choisi, par les autres, *pour un mois* seulement. — Enfin que tous avaient à payer une cotisation individuelle, de 8 *francs par an*, destinée à faire face aux dépenses de l'œuvre, notamment à l'abonnement des journaux sus dits, et à l'éclairage des séances ; qui, du reste, devaient être journalières et publiques même pour les femmes qui seraient curieuses d'y assister.

Maintenant, de quel personnel l'association dont s'agit était-elle, en fait, composée?

C'est là un point assez nuageux aujourd'hui quant aux débuts, ainsi que nous l'avons déjà remarqué, et qui ne deviendra même précis qu'en vendémiaire an III, au moment où, à propos d'une *épuration* réactionnaire dont nous parlerons à son lieu, le seul registre que nous possédons du dit club, présente, incidemment, une liste complète de ses membres d'alors.

Mais, comme il y a tout lieu de croire que, à la hauteur historique où nous en sommes à présent arrivés, ceux-ci en faisaient, pour la plupart du moins, déjà partie, on peut à la rigueur se reporter à cet égard, dès maintenant, à la dite liste, pour savoir à quoi s'en tenir actuellement sur le point en question ; où ne se seront produites, selon toute probabilité, que des modifications fort insignifiantes dans l'intervalle ainsi tout d'un trait provisoirement parcouru.

Or, il résulte de celle-ci — que l'on trouvera, sur le *registre* sus dit, à la date des 1er vendémiaire an III et jours suivants, et que nous venons, du reste, de reproduire dans notre publication récente sur *l'Organisation de la Manche pendant la Révolution*, page 186 :

Qu'à cette dernière époque notamment, le club en question comprenait environ *trois cents* membres agrégés, appartenant à toutes les classes de la société locale du moment, depuis les plus infimes — tels que l'ex-guichetier de la maison d'arrêt du *Fort-Colin :* le citoyen *Ernouf* dit *Montauciel* — jusqu'aux plus élevées — tels que les membres du Département : *Lalande, Janin, Clément, Robine* et *Nicolle;* ceux du District de Coutances : *Lefébure, Delamare, Brugère, Longien, Castel, Fonnard, Jourdan,* et *Jouenne;* le maire de la ville : *Levivier;* le président, et l'accusateur public, du Tribunal criminel : *Loisel* et *Lemenuet;* les juges du Tribunal de district : *Lelong, Delalande* et *Hervieu;* le juge de paix de la localité : *Auvray;* et les vicaires épiscopaux : *Michel, Boursin* et *Milaveaux.*

Assurément une pareille énumération — que, d'ailleurs, on peut, encore une fois, sans crainte de se tromper gravement, faire rétroagir par la pensée, sauf peut-être quelques légers changements de noms sinon de qualités et de fonctions, jusqu'à l'époque où s'est un instant arrêté notre récit; c'est-à-dire jusqu'au début de l'année 1793, où les événements politiques avaient déjà commencé à prendre la couleur terroriste qu'ils conservèrent ensuite si longtemps — suffirait, à elle seule, pour indiquer à quel degré de puissance en était alors parvenue l'institution dont s'agit, et quelle large place elle en était, grâce aux circonstances du moment, arrivée à se faire dans la vie publique locale.

Nous allons, du reste, en avoir de suite la preuve, en voyant, à la date du 16 avril de la dite année, — sur le *registre du comité de surveillance du District de Coutances,* qui se trouve aux ARCHIVES DE LA MANCHE — celui-ci composé, entre autres membres, de deux sociétaires du club jacobin dont s'agit : les citoyens *Hervieu* et *Michel Lepelletier*, y appelés à ce seul titre, et chargés, de la sorte, de concourir à la découverte et à la poursuite des divers suspects du ressort.

Nous allons encore en avoir une autre, presque immédiate à la première, dans l'empressement que met, le 10 mai suivant, le Département (voir, à cet égard, ses *registres*), à désigner, comme instructeur des canonniers du district de Coutances, un individu à lui recommandé par le dit club.

La situation politique, et en quelque sorte morale administrativement parlant, de celui-ci, était donc, dès alors, bien forte, puisqu'elle lui valait ainsi, non-seulement l'adhésion des patriotes ordinaires du lieu, mais encore tous les égards de l'administration, même supérieure, du pays.

Mais elle allait bientôt se développer encore d'une façon pour ainsi dire prodigieuse, à raison d'un événement inattendu, qui devait mettre en relief, à son profit final, toute la sincérité des convictions jacobines dès antérieurement par lui professées.

Nous voulons ici parler de l'insurrection *fédéraliste* normande, qui suivit l'expulsion conventionnelle des *Girondins* le 31 mai 1793, et que nous avons déjà brièvement racontée dans notre *Etude* sur *les habitants de la Manche devant le Tribunal Révolutionnaire de Paris*, p. 108 et suivantes.

Nous n'entreprendrons pas ici à nouveau ce récit,

même en ce qui regarde notre département et le rôle, ti-
midement, mais certainement, agressif à la Montagne, qu'y
revêtirent alors une foule de pouvoirs locaux, et, avant
tout, son administration centrale.

Mais nous devons signaler, à cet endroit, l'attitude
spéciale alors prise, en présence de circonstances aussi
perplexes, par la Société populaire dont nous nous occupons, et surtout par quelques-uns de ses principaux membres.

Effectivement, alors que d'autres clubs analogues du
département sus dit s'empressaient — tels que ceux de
Cherbourg, de *Périers*, d'*Avranches*, et de *Granville* — de
donner adhésion à un semblable mouvement général si
bien autorisé, d'ailleurs, en apparence, par la nature même
des fonctions officielles dirigeantes de ceux qui étaient chez
nous à sa tête, la Société populaire de *Coutances*, elle,
ne craignit pas de s'y opposer de toutes ses forces, et de
plaider ainsi la cause de la Montagne conventionnelle,
dans les diverses réunions de toutes les autorités départementales — parmi lesquelles on n'hésita pas à compter
alors les associations de cette nature — qui se tinrent,
à cette occasion en cette ville, au cours de juin de la
dite année.

Elle le fit surtout par l'intermédiaire de certains de ses
membres ; qui, du reste, se prononcèrent en même temps
personnellement, avec une grande énergie, contre la voie
fédéraliste où les autorités locales en général paraissaient
vouloir définitivement s'engager en y poussant aussi
leurs administrés. Mandataires parmi lesquels se signa-

lèrent alors, notamment, les citoyens : *Lalande*, sculpteur de la ville, et qui deviendra plus tard, en récompense de ses services jacobins, administrateur du département; et *Guérin*, marchand au même lieu et juge de son Tribunal de Commerce, dont nous retrouverons également plus loin le nom.

C'est surtout sur le *Registre de l'administration départementale*, aux dates des : 9, 11 et 13 juin, que l'on pourra se rendre compte de ce que fut alors la conduite, ci-dessus caractérisée, du dit club.

Et il avait alors d'autant plus de mérite, aux yeux des patriotes locaux, à la tenir, que son existence, ou du moins son influence matérielle, allait, à ce moment-là même, et du reste à la faveur des circonstances spéciales où l'on se trouvait alors, se voir battue violemment en brèche par la création, en quelque sorte spontanée, d'un nouveau club local destiné précisément à les neutraliser de son mieux.

Club des *Carabots* Nous voulons parler de la société dite des *Républicains français*, plus connue sous le titre de : CARABOTS *de Coutances*.

C'était tout simplement une association, sinon de monarchistes, au moins de partisans avoués de la Gironde, qui, marchant sur les traces, à ce moment-là rétrogrades, de celle des Carabots de *Caen* (voir, sur celle-ci, notamment : VAULTIER, *Souvenirs de l'insurrection Normande*, p. 9 et 126 ; et RENARD, *Notice sur les Carabots de Caen*), s'était tout à coup formée, dans notre localité, pour seconder, dans l'opinion publique comme aussi dans les faits à accomplir, la croisade fédéraliste alors entreprise par la plupart des autorités départementales de la Manche.

Ses membres appartenaient, naturellement, presque tous, à la classe distinguée de la population ; et, bien que nous n'en ayons pas la liste complète, nous pouvons de suite citer, parmi eux, les sieurs : *Lorin*, ancien receveur du District et chef de légion de la garde nationale de celui-ci ; *Lemonnier*, célèbre avocat de la ville ; *Brohon*, et *Perrochel*, le premier, ancien membre, et le second, membre actuel de l'administration départementale ; *Quénault*, chirurgien en chef de l'hospice de Coutances ; *Lecaudey*, ancien substitut au bailliage de la dite ville ; *Potigny-Launay*, officier de la garde nationale de celle-ci ; *Tanqueray*, ex-seigneur de Hyenville ; et autres de rang social analogue.

Telle était sa nuance politique, et aussi sa composition. Quant à la nature textuelle de ses délibérations, nous ne la connaissons qu'indirectement, vu la disparition de ses *registres*, sans doute envoyés à Paris lors des poursuites judiciaires dont nous allons tout à l'heure parler. Mais, peu importe ici, en définitive, vu le peu de durée de la dite société, et aussi les nombreux renseignements que nous trouvons ailleurs à son sujet.

C'est le 22 juin qu'elle se constitue, comme l'établissent les *registres de la municipalité* locale, où elle était allée passer, ce jour-là, la déclaration préalable exigée, par la loi, pour son ouverture officielle.

Dès le lendemain, 23, elle se présente au Département (voir ses *registres*); qui naturellement applaudit à une aussi bonne recrue, et accorde avec empressement les honneurs de la séance aux sieurs *Lorin*, son président, et *Lemonnier*, qui alors accompagne celui-ci.

Puis, mettant de suite hache en bois, elle intervient dès le jour suivant (voir *ibid.*, à la date du 24 juin), dans les assemblées administratives plénières dont nous avons déjà parlé plus haut, pour demander, à grands cris, du secours en faveur des insurgés normands anti-conventionnels, et aussi le prompt départ, de la ville, des deux représentants Montagnards : *Prieur*, de la Marne, et *Lecointre*, de Versailles, qui s'y trouvaient alors, et dont, effectivement, l'expulsion fut, sur ces instances, ordonnée le 26 du même mois (voir les mêmes *registres*) par l'administration départementale; de laquelle les dits Carabots se chargèrent, d'ailleurs, eux-mêmes, de faire, et très-brutalement, exécuter de suite la décision (voir, sur ce dernier point, aux Archives Nationales — dans les *Dossiers du Tribunal révolutionnaire*, W, 8-387, et 427-962, par nous déjà cités dans notre *travail* sur *les Habitants de la Manche* y traduits, *p.* 128 et 140 — l'*enquête* et le *mémoire*, à ce relatifs, dont nous allons parler plus loin).

A tout cela, le club jacobin de la ville n'avait pu s'opposer, que par d'inutiles protestations, et par son refus absolu de fusionner, ainsi que le lui conseillait habilement l'administration départementale (voir ses *registres*, à la date du 30 juin), avec sa nouvelle rivale.

Mais le moment de la revanche allait bientôt venir,

par la défaite, le 13 juillet, à *Vernon*, de l'armée girondine normande; à laquelle, du reste, cette même administration n'avait, tout en lui manifestant sa haute sym-
pathie, osé donner aucun secours effectif.

Car, de cette façon — et même dès avant, par la tournure que prenaient déjà les choses — avait croulé toute
l'espérance des Girondins de notre localité; et ils ne
durent plus alors songer qu'à une chose! à savoir :
protéger leurs têtes contre les coups vengeurs de la
Montagne désormais victorieuse et venant leur demander un compte sévère de leur récente défection.

C'est ce qu'ils cherchèrent à réaliser, en effet. Mais
les Jacobins du lieu, naguère par eux méprisés et même
menacés, n'étaient guère d'humeur de les laisser ainsi
échapper au sort qui les menaçait; et ils se mirent, au
contraire, de suite en œuvre pour le leur faire subir au
plus vite.

Le club jacobin sus dit s'occupa, surtout, naturellement, de ce soin; et, en ce dirigé principalement par le
citoyen *Lalande* — dont nous avons plus haut déjà cité le
nom à l'occasion de la crise girondine locale, et dont
nous aurons plus d'une fois à reparler par la suite — ne
perdit pas un instant pour traquer, de toutes façons, ses
adversaires et, jusqu'à un certain point, ses vainqueurs
de la veille, désormais devenus les proscrits du jour.

Effectivement, dès le 3 juillet — alors que la défaite
finale de l'insurrection était déjà, sinon réalisée du moins
devenue très-probable, et que, par suite, les Montagnards locaux reprenaient partout le dessus, et qu'en

particulier le dit club, un moment effacé par les circonstances récentes que nous venons de raconter, voyait journellement, renaître son influence, et tous les républicains du pays, soit individuels soit groupés en Sociétés populaires ou même par communes ou bataillons de la garde nationale, solliciter avec empressement leur union au moins morale avec lui (voir à cet égard, le *mémoire* déjà cité, et ci-après à nouveau mentionné) — il dénonçait au District de la ville, la réunion des *Carabots*, et en particulier son principal chef, le sieur *Lorin* (voir *ibid.*)

Le résultat de cette première attaque ne devait pas tarder à se faire sentir. Car, dès le 10 du même mois, le Département, désormais, lui aussi, forcément rallié à la Montagne, invitait (voir ses *registres*), à se dissoudre, cette réunion; qui, effectivement, le faisait de suite, en même temps que son ancien président donnait sa démission de chef de légion de la garde nationale de la contrée (voir *registres* du District sus dit, à la date du 29 juillet 1793, aux ARCHIVES DE LA MANCHE).

Mais ce n'était là qu'un commencement de représailles jacobines.

Car bientôt — toujours à l'instigation du dit club — s'ouvrait à Coutances même, par les ordres du Comité de surveillance de son District, et devant un des membres du premier, le citoyen *Hervieu* — ex-procureur de la commune de la dite ville, et bientôt promu, comme récompense de son zèle montagnard en cette occasion, à la place de juge du Tribunal civil local — une *enquête*, destinée à mettre en évidence le rôle, des ancien Carabots, dans le mouvement girondin du mois de juin précédent.

Cette enquête, commencée le 5 août, et continuée les jours suivants, ne pouvait manquer, sous l'influence de ceux qui l'avaient ainsi provoquée, d'aboutir au but qu'ils en attendaient; surtout quand, dans un *rapport*, à la Société populaire, du 19 du même mois, le citoyen Lalande — auquel celle-ci avait surtout confié ses intérêts en cette matière — fut venu en résumer, avec acharnement, les principales constatations.

Et elle devint, en conséquence, plus tard, ainsi que le rapport, ou *mémoire* précité, la principale base des poursuites judiciaires qui ne tardèrent pas à être dirigées, devant le Tribunal révolutionnaire de Paris, pour conspiration *fédéraliste*, contre les principaux membres de l'ex-société des *Carabots*, et notamment contre : *Lorin, Lemonnier, Brohon* et *Perrochel*; dans les dossiers desquels on en trouve les copies aux ARCHIVES NATIONALES, cartons W, 8-387 et 427-962, déjà par nous cités.

Ceux-ci furent, en effet, bientôt arrêtés, sur l'ordre des représentants alors en mission dans le Calvados : *Bouret* et *Lindet*, qui avaient pris connaissance de cette procédure extra-judiciaire, puis traduits, par eux, au dit tribunal; au jugement duquel ils n'échappèrent, en quelque sorte, que par miracle — ainsi que nous l'avons raconté dans notre *travail*, déjà précité, sur les opérations de celui-ci quant aux accusés de la Manche, *pages 140 et suivantes*.

Bien d'autres, du reste, de leurs anciens associés,

furent alors, ou plus tard, traqués pour la même cause. Et si quelques-uns — tels que le chirurgien *Quénault* — purent échapper aux poursuites en s'y dérobant par la fuite (voir, sur celui-ci, à cette occasion, la *Terreur dans une ville de province*, par M. QUÉNAULT, son fils, *p.* 7), d'autres — tels que *Tanqueray*, *Potigny-Launay* et *Lecaudey* — devaient, bientôt, nous le verrons, être moins chanceux, et payer, de leur tête, leur adhésion, plus ou moins sérieuse, au fédéralisme coutançais de 1793.

Club des *Amis* de la *Liberté* et de *l'Egalité* (suite)

Le club des *Amis de la Liberté*, qui avait principalement organisé ces persécutions meurtrières contre ses anciens antagonistes naguère coalisés et désormais réduits à néant, triomphait donc ainsi désormais sur toute la ligne, et pouvait, à juste titre, se regarder dès lors comme une des premières, sinon la principale, autorités de l'endroit.

Et ce qui vint, du reste, bientôt le lui prouver directement, ce furent les félicitations, sur sa conduite récente, que s'empressa de lui adresser, en arrivant à Coutances le 2 septembre de la dite année, le conventionnel *Lecarpentier*, alors envoyé dans la Manche, par la Convention, pour purger ce département, des anciens fédéralistes qui s'y trouvaient encore, notamment parmi ses fonctionnaires publics.

(Voir aux ARCHIVES NATIONALES, dans les *cartons* A.-F. 120 et 121, la collection des *arrêtés* de ce proconsul, qui s'y trouvent du reste joints à ceux des autres *missionnaires* envoyés par la Révolution dans notre département.)

Une épuration de ceux-ci était donc, pour cela, la première chose à faire. Aussi le dictateur départemental
s'empressa-t-il d'y procéder de la façon la plus générale
et par son seul arbitraire. Mais, comme il voulait, auparavant de commencer cette hécatombe, savoir, par des
renseignements pour lui certains, sur qui il devait la
faire porter, il jugea à propos de s'entourer préalablement, à cet égard, d'une sorte de comité consultatif de six
membres, parmi lesquels il tint à en avoir trois du club
jacobin coutançais; qui lui délégua, à cet effet, les citoyens : *Le Mithois*, son fondateur, *Lalande* et *Guérin*
dont nous connaissons également déjà les noms.

(Voir *ibid.*)

C'était là une éclatante preuve de confiance de plus, de
la part de l'autorité montagnarde, en faveur du dit club ;
qui, il faut le dire aussi, continuait à rendre, tous les
jours, de signalés services à celle-ci, par la haute affir-
mation de ses principes ultra-patriotiques.

C'est ainsi que, le 17 du dit mois de septembre, on le
verra se présenter devant l'administration départementale
— du reste alors régénérée dans le sens jacobin — pour
lui donner connaissance d'un mémoire d'un de ses
membres, le vicaire épiscopal *Michel*, en faveur du *mariage des prêtres ;* dont celui-ci devait, d'ailleurs, bientôt
donner le signal, dans la localité même de Coutances, le
19 octobre suivant. Lequel mémoire, ainsi recommandé
par la Société qui venait, là, le divulguer solennellement,

fut, naturellement, aussitôt accueilli, avec enthousiasme, par l'autorité précitée, qui en ordonna même l'impression immédiate aux frais de la caisse publique.

(Voir les *registres* départementaux, à la date précitée; et aussi le *mémoire*, imprimé, du dit *Michel*, dans la collection GUISLE à Paris; et enfin, l'acte de mariage de celui-ci, sur l'*Etat civil* de Coutances.)

C'est qu'en effet, dès la dite époque — et en attendant la substitution presque officielle, en brumaire an II, du culte de *la Raison*, ou au moins du culte prétendu *civique*, aux cérémonies catholiques même de prêtres assermentés, — le parti Montagnard, voulant désormais régner sans entraves de quelque sorte et si légères qu'elles fussent, cherchait déjà à se débarrasser de ceux-ci, notamment en les poussant au mariage, c'est-à-dire à la sécularisation complète. Et il était tout naturel, dès lors, que notre club coutançais, imbu, du reste, personnellement des mêmes idées, vint ainsi, par une recommandation et un exemple directs, appuyer une semblable tendance.

C'est peut-être, aussi, pour l'en récompenser, que, le 26 du dit mois de septembre, le représentant *Garnier de Saintes*, alors de passage dans le département, — jugeant nécessaire la création, à Coutances notamment, d'un *Comité de surveillance supplémentaire*, aux fins d'aider, les autorités normales du pays, à opérer l'incarcération, des *suspects* locaux, ordonnée, en bloc, par la loi du 17 du même mois — voulut expressément que, là, celui-ci fut exclusivement composé de six membres de la Société populaire en question ; qui furent : *Le Mithois, Hervieu, Lalande*, déjà de nous connus, *Macé*, avocat en la dite ville, *Lecardonnel*, épicier, et *Malorey*, sellier, au dit lieu.

(Voir, à cet égard, aux Archives de la Manche, les *registres* des *Comités de surveillance* alors établis à Coutances).

Au reste, ce n'était pas seulement de politique persécutrice, que s'occupait alors le club en question.

Effectivement, nous le voyons, dès la dite époque, se mêler d'une foule de sujets, à elle en réalité étrangers, mais intéressant cependant, plus ou moins, la chose publique.

C'est ainsi que, le dit jour, 26 septembre, nous voyons, dans la *correspondance de l'accusateur public* de la Manche, au Greffe de Coutances, celui-ci ordonner des poursuites contre des bouchers de la ville accusés, *d'accaparement de suif*, par le club en question.

De même, le 3 octobre suivant, la police municipale de la localité (voir ses *registres*), recevait, de la même société, la dénonciation d'une *loterie* prohibée, par elle découverte au milieu des étalages de la *foire Saint-Michel* qui venait d'avoir lieu à Coutances.

Et, plus tard, le 17 brumaire an II, venant, d'une autre façon, au secours de la chose commune, le dit club donnera, à la municipalité de la ville (voir les *registres* de celle-ci) des *chemises* pour les défenseurs de la patrie appartenant à la contrée ; en même temps que,

du reste, il recueillait, parmi ses membres, des sous-
criptions nombreuses, destinées à l'équipement de *cavaliers jacobins* alors réclamés, pour l'armée, par le Comité
de Salut public, de toutes les sociétés de ce genre. (Voir
sur ce dernier point, aux ARCHIVES NATIONALES, *carton* A-F. 120, une lettre de *Garnier de Saintes*, du 5 octobre 1793.)

C'était donc bien là, en définitive, une association
jacobine modèle, surtout aux yeux des exaltés d'alors,
et, en particulier, du nouveau personnel, désormais
épuré, des autorités locales.

D'autant plus que — non content d'agir ainsi énergi-
quement, et en quelque sorte journellement, à domicile,
pour le soutien et le triomphe de la bonne cause du moment — elle poussait quelquefois le zèle, jusqu'à aller,
par délégations, stimuler, au dehors, celui, trop ralenti à
son opinion, d'institutions de même nature que la sienne.

Par exemple, le 2 du dit mois de brumaire, elle juge à
propos d'en envoyer une à *Caen*, pour remonter les convictions trop douteuses, ou trop passives, des *frères* de
cette localité, et reçoit, naturellement, à cette occasion,
les félicitations de l'assemblée départementale de la
Manche, à laquelle elle a fait part de cette décision; de
même qu'elle recevra, plus tard, célles de la société
sœur ainsi par elle évangélisée.

(Voir, à ce sujet, les *registres départementaux*, à la dite date; et aussi
le *Journal de l'armée des côtes de Cherbourg*, collection RENARD à
Caen, à celle du 3 brumaire an II).

Aussi les autorités locales s'empressent-elles de lui rendre publiquement, et solennellement, hommage, dès que l'occasion s'en présente, et la voit-on, entre autres circonstances, le 10 nivôse an **II** (consulter, à cet égard, les *registres municipaux* de la ville) — à propos de la fête alors célébrée à Coutances en réjouissance de la récente *reprise de Toulon*, sur les Girondins du Midi et les Anglais leurs associés — prendre majestueusement rang avec tous les attributs qui la distinguent — tels que : le *bonnet de la liberté*, l'étendard décoré de l'*œil de la surveillance*, et les *bustes* de *Marat* et *Lepelletier*, à ce tirés de sa salle des séances, où nous les avons précédemment inventoriés, — parmi le cortége officiel local, et se rendre, avec lui, au *temple* c'est-à-dire à la cathédrale de la ville ; pour y consacrer dignement ce grand jour, et y entendre, entre autres exercices, prononcer plusieurs *discours civiques*, ampoulés comme c'était de mode alors, et parmi lesquels celui d'un de ses membres, le citoyen *Michel* que nous connaissons déjà, se distingua particulièrement par son enflure aussi sanguinaire que ridicule.

Cela l'avait sans doute, mise en goût de fêtes de ce genre, car nous la voyons bientôt, le 26 du même mois, (voir les mêmes *registres*), proposer, à la municipalité coutançaise, un programme des cérémonies *décadaires*, qui venaient, de par l'ordre du conventionnel *Bouret* — alors en mission dans le pays, pour l'achever de jacobiniser — de remplacer définitivement, dans le temple sus dit, le dimanche et même, d'une façon générale, le culte catholique ; désormais y interdit par un arrêté, de celui-ci, du 18 du dit mois (en voir la mention *ibid.* à la date du 21).

Puis, quand les dites cérémonies s'inaugurent, en conséquence, dans cet édifice, le 30 du mois suivant (voir les mêmes *registres*), le club en question ne manque, naturellement, pas de s'y rendre ; d'autant plus que quatre de ses membres, savoir : *Macé, Malorey*, et les ex-vicaires épiscopaux *Michel* et *Milaveaux*, ont à y prononcer des discours soi-disant patriotiques, c'est-à-dire à la fois grotesques et furibonds, notamment sur l'*hommage au beau sexe*, auquel, en effet, la plupart d'entre eux n'étaient que trop portés à sacrifier dans leur vie privée.

Du reste, le club en question continuait de faire porter, sur toutes choses en général, son attention et ses observations vigilantes et souvent soupçonneuses.

Ainsi, le 28 nivôse, ce sont les *rues de la ville* qu'il propose à la municipalité (voir ses *registres*) — qui, toutefois, ne paraît pas y avoir accédé — de républicaniser, en leur donnant de *nouveaux noms*, en rapport avec les idées politiques du jour, et dont nous regrettons de n'avoir pu retrouver la liste.

Cela n'était pas de première nécessité, il faut en convenir ! Mais ce qui était véritablement utile, c'était de s'opposer — comme le fit aussi la dite Société (voir les *registres du District* de Coutances, à la date du 2 pluviôse an II) — à l'enlèvement, alors ordonné par le représentant *Jean-Bon Saint-André*, qui néanmoins persista dans ce caprice insensé (voir M. QUÉNAULT : la *Terreur dans une ville de province*, p. 81), du *plomb* recouvrant la tour centrale de la Cathédrale de Coutances ; ainsi menacée d'une inondation pluviale prochaine, qu'on ne manqua, effectivement, pas d'avoir, bientôt après, à y constater (voir, sur ce dernier point, le *registre* à nous conservé, du dit club, à la date du 25 prairial an II).

Mais ce qui l'inquiétait particulièrement, c'était la surveillance, et aussi la poursuite, incessante, des contre-révolutionnaires locaux, et, entre autres, des derniers restes des anciens *Carabots* Coutançais, qu'elle ne devait jamais, tant qu'elle eut de l'influence, perdre de vue et laisser en repos.

C'est dans ce but que — après s'être, le 7 pluviôse, vivement plainte, à la municipalité de Coutances (voir ses *registres*), de l'incivisme affiché par un grand nombre de ses administrés, qui le poussaient jusqu'à ne plus porter la *cocarde nationale*, en dépit des prescriptions légales à cet égard (voir sur ce sujet, notre *Etude sur les juridictions de la Manche pendant la Révolution*, chapitre IV) — elle se décide, le 29 ventôse an II (voir ici le *Mémoire de Défense*, plus loin cité, du citoyen *Lalande*, en réponse à la poursuite, pour terrorisme, dont il finit par être l'objet), pour mieux assurer l'exécution de ses projets généraux de police politique, à former, dans son propre sein, un *comité* dit *de recherches*, composé de cinq membres, et destiné à pourvoir activement, et sans discontinuer, à l'investigation des contre-révolutionnaires quelconques de la contrée.

Nous aurons bientôt l'occasion de voir en mouvement cette nouvelle machine de guerre jacobine, dont le personnel se composa, naturellement, des plus avancés de l'association, à savoir de : *Lalande*, déjà de nous connu, et alors, depuis septembre 1793, promu, par Lecarpentier, au poste d'administrateur du Département, — *Nicolle*, nommé, de même, secrétaire de celui-ci — *Longien*, administrateur du District de Coutances — *Lemaître*, chirurgien — et *Lecardonnel*, épicier, en la dite ville.

Mais elle ne néglige pas, toutefois, de continuer aussi à s'occuper de soins plus intimes mais nécessaires encore cependant au succès de la chose publique, et, par exemple, de veiller à l'approvisionnement de l'armée, en objets de *cuir*, notamment en *souliers*, dont la rareté se faisait alors partout sentir de la façon la plus extrême (voir dans notre *travail* sur les *Juridictions ordinaires de la Manche pendant la Révolution*, le chapitre VI : des *Contraventions en matière de subsistances publiques*), en décidant, le 20 floréal an II (voir son *registre* à la date du 21 prairial) : que, toutes les décades, les tanneurs à elle agrégés auront soin de lui rendre compte de la situation de leurs fournitures, dont elle redoutait, avec raison, le détournement illégal, au profit des consommateurs ordinaires du pays.

Comme on le voit, jusqu'à présent les documents épars, par nous recueillis çà et là, nous ont facilement permis de suivre, sans probablement aucune lacune importante, l'histoire, par nous entreprise, de la Société populaire des *Amis de la Liberté et de l'Egalité*. Mais, dorénavant, nous avons, moins que jamais, à craindre la pénurie à cet égard ; car nous sommes désormais arrivés à l'époque contemporaine du début de son *registre* spécial, qui va, maintenant, nous permettre d'assister, en quelque sorte jour par jour, à ses diverses opérations ultérieures, jusqu'au moment même de la fermeture définitive du dit club, provisoirement en pleine floraison montagnarde.

Ouvrons donc, à présent, ce registre, et, avec lui, continuons, et plus amplement que par le passé, à étudier la curieuse institution dont s'agit.

Rendons-nous, d'abord, ainsi, compte de la physionomie qu'elle présente surtout au moment de ses séances ; dont la première ici consignée est, comme nous le savons déjà, à la date du 13 prairial an II.

Nous allons entrer, là, on l'a deviné, dans une véritable fournaise de jacobinisme exalté ; car, on connaît les antécédents du lieu, et, d'ailleurs, on va y arriver de la sorte au plus fort même de la Terreur révolutionnaire.

Les assemblées y sont alors journalières ; elles s'ouvrent à 6 heures du soir, d'après le règlement de l'œuvre (voir procès-verbal du 16 prairial).

Elles sont toujours, du moins à l'époque où nous y pénétrons ainsi pour la première fois, encombrées d'une foule énorme.

Celle-ci se compose, d'abord, des membres proprement dits du club, qui sont alors, comme nous le savons, au nombre de plusieurs centaines, et dont la plupart sont fort exacts à ses assemblées.

Un d'eux continue toujours de les présider, après avoir été choisi par une élection intérieure, qui se renouvelle régulièrement tous les mois, et est, d'ailleurs, constamment accompagnée de celle d'un secrétaire ayant surtout pour mission la rédaction des procès-verbaux des séances.

Au début du registre sus dit, c'est *Hervieu*, — juge au Tribunal de district de la ville, depuis septembre 1793 qu'il y a été promu par Lecarpentier, et déjà de nous connu — qui occupe le fauteuil.

Puis, nous verrons successivement y monter :

Jouenne, membre du District de Coutances ; en messidor an II.

Lalande, membre du Département, et dont nous avons déjà plusieurs fois parlé ; en thermidor.

Lemenuet, accusateur public au Tribunal criminel ; en fructidor.

Heym, tailleur de la localité ; en vendémiaire an III.

Héot, juge au Tribunal de district de Coutances ; en brumaire suivant.

Lelong, juge-suppléant au même siége de par le choix de Lecarpentier en septembre 1793 ; en frimaire.

Héot sus dit, à nouveau ; en nivôse.

Delalande le jeune, juge au dit siége ; en pluviôse.

Et *Deshayes*, ex-agent national de la commune de Coutances, alors récemment destitué, comme terroriste, par le représentant Legot; en ventôse, où, comme nous le savons déjà, le club se vit fermer par ordre de ce dernier.

Quant aux simples membres — dont le nombre croît tous les jours par des créations nouvelles — ils sont toujours recrutés, eux aussi, par le suffrage universel de ceux d'entre eux, déjà reçus, qui sont alors présents.

Mais, de plus, ici le candidat doit se faire inscrire plusieurs jours à l'avance, comme tel, sur une affiche exposée, pendant cet intervalle, dans la salle des séances, de façon à ce que tous les obstacles, politiques ou autres, à sa réception, puissent être à temps connus pour l'empêcher s'il y a lieu; puis, il doit, la plupart du temps, du moins, le jour du vote, et avant celui-ci, répondre publiquement à diverses questions, sur sa conduite civique depuis la Révolution, à lui adressées, par le président du club, et quelquefois même par de simples sociétaires de celui-ci ; enfin pour qu'il soit admis définitivement, il lui faut, non pas seulement la majorité absolue, mais, comme nous le savons déjà celle des *quatre cinquièmes* au moins des associés présents.

(Voir, sur la mise en œuvre de ces diverses conditions d'entrée, notamment les *procès-verbaux* des séances des 16 et 21 prairial an II).

Tout cela ne devait pas rendre, en définitive, très-facile, même aux plus chauds patriotes, l'accès d'un pareil sanctuaire; où, pour y pénétrer, ils devaient passer par tant de conditions minutieuses.

Aussi, si, sur le *registre* en question, nous le voyons ouvert à quelques récipiendaires assez purs pour y être acceptés—tels que *Leriverend*, maire de Saint-Pierre-de-Coutances, *Ernouf* dit *Montauciel*, ex-guichetier du *Fort-Colin* en la dite ville, *Pépin* et *Régnault*, administrateurs du Département (voir séances des 28 prairial, 1er, 11 et 13 messidor) — il reste, en revanche, fermé à plusieurs autres, qu'à première vue cependant on eût pu prendre pour des candidats irréprochables au point de vue Jacobin.

C'est ainsi que, le 2 messidor, nous voyons échouer, à l'épreuve du vote, le citoyen *Blouet*, ex - curé - jureur de La Baleine, récemment abdicataire et même marié, et qui de la sorte semblait satisfaire à toutes les conditions de civisme alors exigées ; d'autant plus qu'il venait, au moment même de la dite épreuve, de répondre victorieusement à toutes les objections qu'en apparence pour la forme seulement on s'était avisé de lui adresser.

(Voir le *registre* des séances à la dite date.)

Du reste, une fois admis, le récipiendaire n'avait plus qu'à prêter le *serment* patriotique à cette occasion employé — et dont nous n'avons, pas, toutefois, les termes — pour devenir un *frère* et, par suite, un égal absolu de ses nouveaux collègues de la société en question.

C'est ce dont lui donnait immédiatement l'assurance, et en même temps la preuve, le président de celle-ci, en l'*embrassant* comme un de ses enfants de plus.

(Voir, à cet égard, notamment la séance du 21 prairial an II).

Voilà pour le personnel, proprement dit, du club en question, dans les dites séances.

Mais, à côté de lui, il ne faut pas oublier le public qui, régulièrement aussi, suivait celles-ci.

C'était, naturellement, encore, là, la fine fleur du jacobinisme local, tant *femelle* que mâle.

Car il y avait aussi là des *femmes*, et même un grand nombre, remplissant chaque soir la tribune à elles destinée ; et c'est surtout elles qu'il importe de mentionner ici, en négligeant facilement les spectateurs masculins : forcément plus ou moins insignifiants en pareil cas, vu l'agrégation complète, parmi les membres propres du dit club, de tout ce que la contrée renfermait de Montagnards un peu marquants.

Mais celui-ci ne pouvait, comme nous le savons déjà, s'adjoindre aussi, au nombre des dits membres, le sexe féminin ; qui, dès-lors, était forcément réduit au rôle de simple assistant.

Il savait, du reste, le relever : tant par la notoriété patriotique, depuis longtemps acquise, de quelques-uns des sujets en jupons qui l'y composaient—telle, par exemple, que celle d'une veuve *Gaillard*, continuellement traitée de *sœur* par les procès-verbaux des séances (voir notamment celui du 14 thermidor an II), et que nous aurons plus d'une fois l'occasion de mentionner ci-après — que par les manifestations plus ou moins exaltées, dont les dits sujets en général se rendaient souvent les auteurs, au cours même de celles-ci.

Il y avait même des circonstances assez fréquentes où ces manifestations devenaient fort nuisibles à la bonne tenue de l'assemblée et, qui plus est, à la continuation de ses opérations.

Ainsi nous voyons, le 16 messidor an II, le président de celle-ci, engager *à se taire*, les femmes alors présentes, dont le vacarme assourdissant troublait la réunion et courait risque de l'obliger à la dissoudre — comme avait été forcé de le faire, le 24 frimaire précédent (voir à cet égard les *registres municipaux*), le maire de la localité, pour un motif analogue, et à raison d'un tumulte féminin dans la salle de la municipalité ; dont les séances, de même que celles de tous les corps administratifs, étaient d'ailleurs devenues, elles aussi, publiques, en vertu d'une loi du 27 août 1792.

De même, les *accolades* qui se donnaient de temps en temps, dans la dite assemblée, soit aux récipiendaires, soit à des Jacobins de l'étranger alors de passage dans la ville et venus, à son club, pour y remplir une mission officielle de la part du leur propre ou simplement pour lui rendre hommage — non-seulement par le président du premier, mais encore par mainte *citoyenne* sensible ou au moins sympathique (voir notamment séances des 21 messidor et 14 thermidor), — ne manquaient pas d'amener quelquefois certains inconvénients anti, ou ultra, civiques ; et il fallut bien en arriver à défendre, le 24 thermidor, ces embrassades supplémentaires, auxquelles la patrie ne gagnait rien, et où la morale pouvait perdre quelque chose, et à en réserver le monopole

exclusif au dit président lui-même, malgré tous les re-
grets de celles que l'on sevrait ainsi de pareilles effusions.

Du reste, la tribune des femmes, où se passaient en
général ces diverses scènes, était — probablement à leur
occasion — aussi devenue le théâtre de nombreuses fi-
louteries, de la part de spéculateurs plus positifs que
les acteurs et actrices de ces pastorales improvisées.

(Voir la séance du 12 messidor.)

Aussi se décidait-on, à raison de toutes ces considérations, le 22 fructidor, à ordonner que cette tribune serait
constamment éclairée ; malgré l'extrême rareté du lumi-
naire à ce moment-là.

Au surplus, si l'exaltation jacobine de ces citoyennes
les exposait ainsi quelquefois à des observations de la
part de l'autorité du lieu, il y eût eu pour elles bien plus
d'inconvénient à n'en manifester aucune, et surtout à ne
venir, à celui-ci, qu'en simples curieuses ordinaires ; de
suite alors signalées, comme *suspectes*, notamment par
les viragos de l'assistance.

C'est sans doute pour s'y être ainsi présentée, et aussi,
du reste, parce qu'elle n'avait pas pris la précaution de
se décorer, auparavant, de la *cocarde nationale*, que, le
12 messidor, une servante de la ville se voyait, sur la
réclamation même des autres spectatrices de la réunion,
tout à coup arrêtée, dans celle-ci, par les membres du
dit club, et par eux de suite traduite, à raison de cette
dernière infraction, devant la *police municipale de Coutances*, qui, le jour même (voir ses *registres*) la condam-

nait, pour ce motif, à huit jours de prison ; sans préjudice de son maintien ultérieur en détention, comme *suspecte*, à l'occasion de la première par elle naguère ainsi commise.

Tel est, dans son ensemble, et surtout quant à son personnel, le premier aspect des séances en question.

Maintenant de quoi va-t-on s'y occuper ?

En général de tout ce qui peut intéresser la vie publique, et surtout la vie politique, locale.

Mais, en particulier, de certains sujets se présentant, soit cumulativement ensemble, soit successivement et les uns à la suite des autres.

Dès le début nous y voyons traiter une question, fort prosaïque à coup sûr, mais capitale à ce moment-là, et que nous avons déjà, dans ce que nous venons de dire, indirectement touchée.

C'est celle de certains objets de première nécessité, dont la rareté se faisait alors si cruellement sentir, ainsi que nous l'avons raconté ailleurs dans notre *travail* précité, sur les *Juridictions ordinaires de la Manche pendant la Révolution*, chapitre IV ; des Contraventions en matière de *subsistances publiques*.

On manquait, entre autres choses, de *chandelle* pour s'éclairer ; et le club lui-même souffrait directement de cette pénurie.

C'est ce que signale son *procès-verbal* de séances du 16 prairial ; où nous le voyons engager vivement, à cette

saison, ses habitués, d'être exacts à l'heure fixée pour
leur ouverture journalière normale, de façon à y profiter,
aussi longtemps que possible, de la lumière du jour.

Et c'est ce que réitère encore celui du 12 fructidor;
où nous voyons décider, pour un motif analogue au précédent : que, dorénavant, la société en question — qui
jusque-là fournissait, dans l'intérêt des plaisirs populaires, de la chandelle, pour l'éclairage des *danses* publiques exécutées, tous les décadis, dans l'ancienne église
des *Capucins* de la ville (*halle au blé* actuelle) — n'en
donnerait plus pour cet usage; de telle façon, qu'à
partir de là, les amateurs de ces sortes d'exercices eurent
à s'y en procurer eux-mêmes, ou plutôt, vu leur propre
dénûment de cette denrée, à y remplacer le sens de la
vue par celui du toucher, qui, naturellement dut alors
prendre chez eux une bien plus grande importance que
par le passé.

Mais un autre objet : le *cuir*, ne faisait pas moins défaut, surtout à l'armée, qui en consommait journellement
de telles quantités dans les marches et les guerres de
l'époque, et pour l'approvisionnement, même imparfait,
de laquelle, à cet égard, la loi avait cru devoir, les 17 frimaire et 14 ventôse an II, mettre en *réquisition* tous les
cordonniers de la République; auxquels il devenait, dès-
lors, interdit de travailler pour les simples particuliers,
tant que le dit approvisionnement ne serait pas auparavant satisfait (voir à cet égard, M. QUÉNAULT, ouvrage précité, *p.* 29).

C'est ce qui explique parfaitement l'obligation, déjà

mentionnée plus haut, que le club avait, le 29 floréal an II, imposée à tous les tanneurs qui en faisaient partie, de lui rendre un compte décadaire de leurs cuirs ; dont il voulait éviter ainsi le détournement aux dépens des besoins militaires et même de la consommation publique générale. Obligation à laquelle nous voyons, d'ailleurs, un de ceux-ci, le citoyen *Richard Leloup*, satisfaire toujours de la façon la plus ponctuelle (voir, notamment, les séances des 13 et 21 prairial).

C'est aussi ce qui fait aisément comprendre le soin minutieux avec lequel on s'y occupe, en pleine séance, les 19 et 27 messidor, de vérifier la qualité, de matière et de confection, de deux *culottes de peau* destinées aux deux *cavaliers jacobins* que, ainsi que nous le savons déjà, le dit club s'était, à la demande du Comité de Salut public, chargé — comme, en général, toutes les sociétés analogues à la sienne — d'adresser gratuitement à celui-ci, et dont il préparait, à ce moment-là, l'équipement ; lequel se trouva longtemps retardé par l'exécution vicieuse des dits vêtements, dont on voit alors ce même club ordonner gravement l'expertise, puis, finalement, la mise au rebut pour être refaits dans de meilleures conditions.

Mais on comprend bien que ce ne sont là que des bluettes, à côté d'autres matières soumises aux discussions et aux délibérations de ce dernier.

Par exemple, il lui faut, dès le 16 prairial, s'occuper de figurer dignement, au moins par une délégation, à la fête locale de *l'Etre-Suprême*, qui aura lieu, le 20 du même mois, en imitation de celle que *Robespierre* a décidé de faire, pour mieux affermir sa dictature par une comédie semi-religieuse, célébrer à Paris le même jour.

A cet effet, il délègue trois commissaires : les citoyens *Costin*, ex-bénédictin, *Doche*, maître de musique, et *Leboucher d'Aubonne*; pour s'entendre, avec la municipalité de Coutances, sur le sujet en question.

Puis le 21 du même mois, tous les citoyens et citoyennes de la séance se préparent plus directement encore à la solennité du lendemain, en répétant, avec solos et chœurs alternés, des *hymnes civiques* que la société se propose d'y chanter.

Nous n'avons pas, il est vrai, le procès-verbal de cette fête. Mais les choses durent s'y passer d'une façon bien splendide, notamment de la part de cette dernière ; car, dès le lendemain de son exécution, 21 prairial, le club en question décide avec enthousiasme, que l'on demandera, à la municipalité de la ville, l'impression d'un magnifique discours y prononcé par un des membres du premier : le citoyen *Nicolle*, que nous connaissons déjà.

Et, le 22 — comme un écho chéri de la solennité de l'avant-veille — la société tout entière se met à entonner un des airs principaux qui avaient naguère embelli celle-ci, à savoir : l'*Hymne sur l'Immortalité*, de Marie Chénier, mise en musique par le citoyen *Doche*, précité, un des organisateurs de la dite fête.

Il n'était pas rare, du reste, abstraction faite d'un tel souvenir, de voir, aux séances du dit club, ses membres se livrer, entre leurs discussions, aux exercices musicaux

alors de mode, et même en faire précéder les dites
séances, en attendant que le personnel de celle-ci fût suffisamment arrivé ; à peu près comme le font actuellement,
dans une église catholique, les fidèles, qui invoquent
ainsi le Saint-Esprit préalablement à l'apparition, en
chaire, d'un prédicateur de carême.

(Voir à cet égard notamment le *procès-verbal* du 24 thermidor).

Pas plus qu'il ne l'était, comme nous le savons déjà,
de voir la dite société donner, même par ses membres
proprement dits   soit périodiquement, aux Capucins,
soit, en outre, à l'occasion de fêtes exceptionnelles dans
la localité — le signal des *danses* publiques, qui sem-
blaient alors le complément nécessaire de toute solennité
civique.

(Voir, entre autres, les *procès-verbaux* des 11 messidor et 23 thermidor an II.)

Assurément de pareils exercices — le dernier surtout
—n'étaient pas sans dangers pour la morale, même exé-
cutés par des jacobins et jacobines aussi convaincus que
ceux-là ; et si, plus tard, leur disparition, ou du moins
leur diminution, avec la marche des événements, fut re-
grettée par plus d'une de celles-ci (voir *l'enquête*, ci-après
mentionnée, sur les *troubles de Coutances* en thermidor
an III, 74ᵉ déposition), il y a tout lieu de croire que le civisme pur ne fut pas la base unique d'un pareil sentiment.

Ce n'est pas, cependant, que le club, qui les encourageait si bien, se montrât, du moins en paroles, indifférent à la vertu.

Au contraire, il en faisait hautement parade. C'est ainsi que nous le voyons, le 24 prairial an II — en imitation sérieuse de ce qui se faisait hypocritement, alors, dans des sphères plus élevées — s'ériger, en quelque sorte, en surveillant-général des mœurs, mêmes privées, et rendre gravement, pour leur protection efficace, une sorte d'arrêté platonique : mettant — comme naguère le décret conventionnel sur l'immortalité de l'âme — *toutes les vertus à l'ordre du jour ;* condamnant l'athéisme, les mauvais livres, et les faits licencieux ; et dont l'exécution était, par lui, surtout confiée à la vigilance pieuse des *citoyennes,* plus compétentes, sans doute, que l'autre sexe, en semblable matière.

Décision burlesque assurément, comme bien d'autres déjà signalées ou à signaler dans le présent travail ; mais dont l'existence révèle assez, celle des bonnes intentions du club à cet égard, et encore plus, peut-être, celle d'un mal contemporain devenu assez développé déjà pour que la société, même jacobine, s'avisât d'y apporter enfin remède.

Il paraîtrait, toutefois — à en croire le *registre* où nous continuons de prendre surtout nos renseignements — qu'une telle décision, si bizarre et si théorique qu'elle fût, ne laissa pas de produire, au début du moins, quelque effet. Puisque, dès le lendemain, 25, des estampes indécentes, exposées sous le portail de la cathédrale de la ville, étaient lacérées par le peuple ainsi ramené subitement à l'observation des préceptes moraux.

Mais cet effet ne fut sans doute pas long. Car nous voyons, le 22 fructidor, la même société attribuer en partie l'abandon où se trouvait alors la cérémonie décadaire de la part notamment des *citoyennes*, à ce qu'on y chantait trop souvent des chansons *obscènes*; que celles-ci, avec raison, craignaient, de laisser entendre à leurs filles, et même d'entendre pour elles-mêmes.

Au surplus, ce qui, à l'époque, était le plus essentiel, n'était-ce pas le patriotisme jacobin? Et, à cet égard, le club — membres proprement dits, comme spectateurs et spectatrices — laissait-il quelque chose à désirer aux plus exigeants?

Assurément non! et l'on allait bientôt en avoir, du reste, de nouvelles preuves.

Car une grande solennité civique allait incessamment avoir lieu dans la localité :

Effectivement, le grand inspirateur du jacobinisme Manchais, le représentant *Lecarpentier* — de retour de sa mission terroriste à *Saint-Malo*, d'où il avait naguère, après une foule d'épurations montagnardes, envoyé, au Tribunal Révolutionnaire de Paris, plusieurs charretées de malveillants politiques (voir notre *Étude* sur les *habitants de la Manche* traduits au dit Tribunal, *p. 197*) — allait enfin revenir dans nos contrées, pour leur rendre, au besoin, des services analogues.

Déjà il était arrivé à *Granville*, où, le 5 messidor, il

présidait à une fête monstre, sinon monstrueuse, en commémoration de la défense heureuse de cette place en brumaire précédent.

(En voir le *procès-verbal,* qui a été imprimé.)

Dès le jour même, le club jacobin de Coutances recevait le détail de celle-ci, par une *citoyenne* de cette dernière ville, qui venait d'y assister

Mais il en était encore mieux instruit, le surlendemain 7 messidor, par un des deux délégués par lui préalablement envoyés pour le représenter à cette solennité : le citoyen *Le Maitre,* dont nous avons déjà cité le nom.

Au surplus, il allait bientôt contempler de près son idole proconsulaire.

Effectivement, le 8 messidor, *Lecarpentier* débarque enfin dans la ville.

Il y est, naturellement, accueilli avec enthousiasme par toutes les autorités du moment, et notamment par la Société populaire, qui avait envoyé, au-devant de lui, une députation spéciale de trois de ses membres : les citoyens *Delalande,* juge au Tribunal de district, *Guillot,* agent national du District, et *Lefranc.,* directeur de l'hôpital militaire de l'endroit ; et au sein de laquelle il s'empresse, par réciprocité, de se rendre dès le lendemain.

Là, comme on peut s'y attendre, l'ovation devait être pour lui complète. Tous se précipitent à l'acclamer. Mais c'est un des membres de la réunion, le citoyen *Macé,* qui se charge d'exprimer, dans un long discours, à quels sentiments de sincère attachement et de haute admiration, correspond une semblable manifestation populaire.

En réplique, le Représentant se montre, naturellement, touché. Mais, ce sur quoi il insiste, c'est sur le châtiment sévère qu'il se prépare à infliger aux *conspirateurs* du pays non encore atteints par la justice et dont cependant on ne voit que trop, partout, l'action funeste sur l'esprit public ; notamment en ce qui concerne les fêtes *décadaires*, que si peu de monde célèbre avec recueillement, et qu'une masse de gens vont même jusqu'à profaner ouvertement en se permettant de travailler pendant leur exécution.

C'était bien aussi l'avis de ceux auxquels il s'adressait ainsi pour stimuler chez eux un zèle montagnard qui n'était déjà que trop ardent. Aussi s'empressent-ils d'applaudir à de pareils principes, et de décider — comme il le leur demandait d'ailleurs — la nomination immédiate d'une commission de douze membres inconnus les uns des autres, aux fins de faire désormais espionner les violateurs de la décade et de les dénoncer ensuite aussitôt à qui de droit.

Mais, si les mauvais citoyens doivent ainsi se voir impitoyablement traqués, il faut, en revanche, que les bons — c'est-à-dire les vrais sans-culottes — s'amusent, et jouissent ainsi des fruits de leur conduite patriotique. Aussi le Représentant a-t-il déjà, pour la décade du lendemain, organisé une fête splendide, où la Société populaire jouera le principal rôle ; et qui eut effectivement lieu le jour ainsi fixé, 10 messidor.

Le *procès-verbal* descriptif s'en trouve aussi sur le registre que nous continuons d'analyser; et on pourra s'y
reporter, si on en veut connaître le contenu total.

Qu'il nous suffise de dire ici : que la dite solennité —
commencée au *Temple de l'Être-Suprême*, où la dite société
avait, naturellement, fait escorte au Conventionnel, et où
s'étaient accomplies les cérémonies, toujours ennuyeuses,
de la décade proprement dite — se termina, dans l'après-
midi, par un supplément beaucoup plus amusant : à savoir une promenade de tout le monde, et *Lecarpentier* en
tête donnant le bras à une *citoyenne*, vers le *Parc* de la
ville ; ou chacun apporta, puis consomma, son dîner, où
l'on chanta en chœur la chanson égalitaire de *la Gamelle*,
et où, surtout, s'exécutèrent finalement, par la foule ainsi
réunie et aux sons d'une musique militaire hissée sur un
tertre artificiel naguère y construit en symbole de la *Montagne* jacobine, une danse générale, ouverte par le représentant lui-même, et dans laquelle tous les rangs, comme
les deux sexes, se confondirent par un mélange bien
doux aux âmes sincèrement patriotes.

A présent que l'on s'est, ainsi diverti, il faut s'occuper
des choses sérieuses, et, avant tout, de la prompte répression de ces mécontents dont les menées secrètes,
mais certaines, essaient ténébreusement d'assombrir un
si beau ciel.

C'est surtout à la Société populaire, gardienne naturelle de l'arche jacobine, qu'il appartient de les signaler
à celui qui, venu tout exprès pour les punir, a, dans ce but

dès son arrivée, réclamé, comme nous le savons, son concours énergique.

Et elle n'y manquera pas ! Car, ces conspirateurs prétendus, elle les hait, elle aussi, comme ses adversaires personnels, soit du présent, soit au moins du passé.

N'appartiennent-ils pas tous, en effet, à des castes odieuses à tous les bons républicains montagnards ! à celles : des nobles, des prêtres, ou de ces anciens *Carabots* qu'elle n'a jamais perdus de vue et auxquels elle n'a jamais pardonné leur agression de jadis !

Sans doute, il y en a déjà quatre, de ceux-ci, devant le Tribunal révolutionnaire de Paris ! Mais, d'abord, celui-ci n'en finit pas de les juger : et, d'ailleurs, il en reste bien d'autres dans le pays, aussi coupables qu'eux peut-être, et qui cependant y demeurent impunis.

Aussi, puisque tout se prête maintenant à la répression de ces divers contre-révolutionnaires, le club ne va se faire faute d'y contribuer dans la mesure de son pouvoir.

Dès la séance du 12 messidor, on le voit, en signaler publiquement deux, alors réfugiés, l'un à *Caen*, l'autre à Bayeux, à savoir : *Cotelle d'Outresoulles*, ancien officier d'artillerie, et *Delamare de Crux*, fils d'un ex-avocat du roi au bailliage de Coutances, qu'il dénonce encore dans celle du lendemain, en y en ajoutant un troisième : *Guichard*, ancien vicomte de Gavray, qui, lui aussi, s'est sauvé à Bayeux ; et charger trois de ses membres : *Macé*, *Guérin* et *Hervieu*, déjà de nous connus, de recueillir, sur eux tous, les renseignements qui peuvent servir à leur perte.

Puis, le 14 — joignant, sans doute, d'autres noms aux précédents, — il rédige un mémoire collectif au Représentant, toujours pendant ce temps demeuré dans la ville, contre les suspects en général qu'il croit devoir lui indiquer.

Du reste, au même moment, son *Comité* dit *des Cinq*, composé, comme nous l'avons vu, de : *Lalande, Longien, Lemaître, Lecardonnel* et *Nicolle* — depuis longtemps, par lui, spécialement chargé de sa police politique — agit plus efficacement encore, peut-être, dans le même sens, en assistant, personnellement et journellement, Lecarpentier, dans la composition définitive de la liste de victimes qu'alors celui-ci se propose d'envoyer, de suite, au sanglant tribunal. (Voir, à cet égard, ci-après.)

Et c'est de la sorte — et aussi, il faut le dire, avec la complicité tant du *District* que du *Comité révolutionnaire* de la ville — que se forme, le 18 messidor, la lugubre *fournée de Coutances*, composée de vingt-quatre habitants, de la localité ou des environs ; où ne manquent pas de figurer les trois dont nous avons plus haut parlé, et à la plupart desquels on n'avait à reprocher, et ne reprochait même autre chose, que d'être, ou nobles, ou ecclésiastiques, ou d'avoir jadis fait partie de la fameuse Société des *Carabots* que nous avons déjà tant de fois mentionnée.

Nous avons, ailleurs, raconté dans notre *travail* sur les *Habitants de la Manche traduits au Tribunal révolutionnaire de Paris*, pages 214 et suivantes, en y analysant le *dossier* n° 427-962 des ARCHIVES NATIONALES à ce re-

latif, la déplorable issue de cette expédition meurtrière,
qui, le 3 thermidor an II, amena la condamnation *à mort*
de *dix-neuf* de ces infortunés !

Nous n'avons pas à y revenir ici ; mais nous devons y
signaler, à nouveau, le rôle infâme alors spécialement
joué par un des membres du club jacobin local : le
citoyen *Guérin*, qui, à cette occasion, non content de
ses dénonciations personnelles contre plusieurs des dits
accusés, sollicita, de plus, et obtint ensuite sans peine,
de *Lecarpentier*, l'odieuse mission d'aller, en accompa-
gnant les charrettes qui les conduisaient vers la capitale,
arrêter, pour les faire monter dans celles-ci, tant à *Bayeux*
qu'à *Caen*, ceux d'entre eux qui s'y étaient, comme nous
le savons, réfugiés. Mission qu'il accomplit, en effet, et
dont il ne craignit pas de venir, après, rendre tranquille-
ment compte à la Société populaire, à la séance du
24 messidor.

Nous rappellerons également, à cet endroit, que, si l'on
s'en rapporte à l'*enquête*, déjà par nous citée et plus loin
précisée, sur les *Troubles de Coutances* en thermidor
an III, déposition 90°, la *sœur Gaillard*, une des plus
ferventes habituées du club ainsi que nous le savons, aurait, de son côté, donné, en cette triste circonstance, un
déplorable exemple d'inhumanité, en insultant aux accusés alors qu'ils allaient partir de cette dernière ville
pour la funèbre destination où la plupart d'entre eux devaient bientôt trouver la mort.

Du reste, à ce moment-là du moins, si les gens modérés, de la localité, s'affligeaient, intérieurement, de

semblables excès, les Jacobins du club, qui les avaient eux-mêmes accomplis ou, en tout cas, encouragés, ne faisaient, tous, qu'y applaudir; et il faudra que, plus tard, l'opinion publique générale et digne d'être en pareil cas comptée, vienne à parler bien haut, grâce à un revirement politique lui rendant son ancienne liberté naturelle, pour qu'ils s'aperçoivent enfin de la monstruosité ainsi commise, et cherchent dès-lors à s'en décharger les uns sur les autres, au risque de faire retomber, encore de la sorte, sur eux, tout le sang innocent qu'ils ont, si criminellement, ou au moins si légèrement, naguère ainsi fait, directement ou indirectement, répandre.

Cette époque de résistance, sinon de remords sincères, apparaîtra bientôt, comme nous le verrons. Mais, pour l'instant, il n'y faut pas songer; et, au club, il ne règne, provisoirement, à cet égard, qu'un seul sentiment : celui de la satisfaction d'avoir concouru à une mesure aussi légitime.

Ce dont on va s'y occuper — à présent que l'on a ainsi pourvu à la sûreté intérieure du pays — c'est de l'organisation d'une nouvelle fête civique : à savoir de celle anniversaire du 14 juillet 1789, jour de la *prise de la Bastille*, et qui devait, cette année-là, se célébrer le 26 messidor.

Dès le 24 on en parle à la séance, après avoir travaillé depuis quelques jours déjà au dehors. Et, là, on annonce : qu'entre autres détails du programme de la solennité, on y promènera, par la ville — comme on le ferait au-

jourd'hui de l'ostensoir, à la Fête-Dieu — d'abord, la représentation en relief de l'ancienne prison d'Etat ainsi
détruite par le peuple (cette reproduction, œuvre du dé-
molisseur *Palloy*, et semblable à toutes celles jadis ex-
pédiées par lui à tous les chefs-lieux de département,
existe encore au *Musée de Coutances*), qui sera portée
sur les épaules de quatre vétérans nationaux ; puis, les
deux bustes de *Marat* et *Lepelletier*, appartenant à la société comme nous le savons, et qui le seront, au milieu de
la troupe de celle-ci, par huit de ses membres, à ce dé-
signés à la séance du lendemain — où elle délégua, à cet
effet : *Macé*, *Hervieu* père, architecte, *Michel Lepelletier*,
notable de la ville, *Cauvin*, couvreur, *Michel Jean*,
membre du comité de surveillance local, *Eudes,* id.,
Fremond et *Hédouin*.

   Une seule chose, mais bien importante, manquera à la
fête ! à savoir la présence du proconsul *Lecarpentier*, que
ses devoirs ont à ce moment appelé dans le nord du département, et notamment à *Valognes* et à *Cherbourg ;* où
il est, effectivement, alors occupé à organiser les deux
fournées nouvelles, de conspirateurs supposés, qu'il en en-
verra de suite au Tribunal révolutionnaire de Paris, qui,
toutefois, sera bien forcé de les épargner grâce à la survenance du 9 thermidor avant leur jugement, (voir, à cet
égard, notre travail précité : *les Habitants de la Manche*
devant le dit Tribunal, *pages* 278 et 297) — de même que,
quelques jours après, il en fera autant à *Carentan*, mais
heureusement, pour la même cause, sans plus de succès définitif (voir *ibid.*, page 322.)

Mais, du moins, au club de Coutances, on a de ses nouvelles ; et, à la séance du 25 messidor, on donne lecture d'une lettre qu'un de ses membres, le citoyen *Lalande*, que nous ne connaissons déjà que trop — naguère délégué, par lui, pour accompagner le conventionnel dans cette tournée purgative — adresse à la dite société, pour lui rendre compte de la magnifique fête que vient d'offrir, à celui-ci, la ville de *Cherbourg*, et lui donner aussi connaissance d'un sublime projet de décret législatif, à cette occasion rédigé, par les Jacobins de cette dernière ville, sur la proposition de l'agent national de son District, le citoyen *Devillières* : traduisant tous les rois de l'Europe au Tribunal révolutionnaire de Paris, les mettant hors la loi au cas où ils feraient défaut, et chargeant les armées de la République de l'exécution d'une pareille décision.

(Voir le récit de la dite fête, et le détail de l'incident tragi-comique qui la termina de la sorte, dans le *registre* des délibérations du *District* sus dit, à la date du 22 messidor, aux Archives de la Manche.)

Et, au surplus, sauf cette absence de force majeure, du conventionnel adoré, la solennité coutançaise que l'on va célébrer le lendemain, ne sera-t-elle pas, elle aussi, splendide, et de nature à réjouir le cœur de tous les patriotes locaux !

Nous voyons, par son *procès-verbal*, du jour même où elle s'accomplit, sur le *registre* du club, qu'elle fut, en effet, tout aussi sauvagement grotesque que celles alors

partout ordonnées et exécutées au nom de la faction Jacobine.

Toutefois, il s'y produisit un incident de bien mauvais
augure pour celle-ci.

En effet — alors que le cortége de toutes les autorités
locales, y comprise la Société populaire, au milieu de
laquelle étaient, conformément au programme antérieur
précité, portés les bustes des deux plus célèbres con-
fesseurs de la liberté nouvelle, sortait du *temple de l'Etre-
Suprême* (la cathédrale), où il venait d'entendre, avec une
foule de peuple immense, et au milieu d'une décoration
magnifique formée surtout par des guirlandes de verdure
et de fleurs, des discours civiques des plus corsés, (voir,
sur ces détails, spécialement, le *procès-verbal*, aussi
dressé, de la dite fête, par la *municipalité* de la ville,
sur les *registres* de celle-ci) — ne voilà-t-il pas que, tout
à coup, et comme on allait commencer une procession
officielle terminale dans les rues de la cité, un défaut
d'équilibre vient à faire tomber, sur le pavé, où elle se
casse le nez, la tête en plâtre du martyr *Lepelletier*, qui, de
la sorte, le devient une fois de plus.

De là, naturellement, grand émoi! surtout parmi les
membres du club, qui s'empressent aussitôt, de ra-
masser le blessé, et de le mettre à l'ambulance dans le
local des séances d'où il était, si malheureusement pour
lui, sorti le matin.

Et puis, grande discussion immédiate, dans celui-ci —
où l'on est bientôt de retour — pour savoir si le plâtre in-
fortuné était, oui ou non, raccommodable!

La négative prévaut d'abord ; et, en conséquence, on se décide, le jour même, à en faire venir un nouveau, accompagné, du reste, de ceux de trois autres martyrs de la Révolution, que l'on ne possédait pas encore, et dont on déplorait le manque, à savoir de : *Chaslier*, *Barra* et *Viala*, de patriotique mémoire.

Mais, comme il y a, dans la société même, des artistes de talent, et notamment le sculpteur *Hébert*, qui s'avise alors d'entreprendre la cure du mutilé en lui refaisant un nez rapporté, le club peut bientôt, sans frais aucuns, rentrer en possession de sa relique sacrée ; et il ne manque pas de témoigner, le 14 thermidor (voir son *registre* à cette date), toute sa gratitude à un aussi habile opérateur.

Il avait, du reste, à ce moment-là, bien des satisfactions morales, qui pouvaient compenser, et au delà, un semblable contre-temps.

N'avait-il pas vu, par exemple, le 21 messidor, la commune de *Gavray* lui envoyer des délégués pour solliciter d'avance sa protection en faveur d'une Société populaire que, sous ce haut patronage, les zélés montagnards de l'endroit se proposaient alors de fonder !

(Voir le dit *registre*.)

Et, quelques jours après, cette fondation n'eut-elle pas effectivement lieu, et sous la surveillance d'un de ses propres membres, à ce délégué, le citoyen *Guérin ;* si bien que, dans cette nouvelle création montagnarde, on a eu soin de n'admettre, ni noble, ni prêtre, comme celui-ci vient l'affirmer à la séance du 14 thermidor : ce qui lui vaut immédiatement un gros baiser, de la part de la *sœur Gaillard*, au nom de toutes les citoyennes de la tribune féminine du club Coutançais !

Et, de même, le 2 thermidor, celui, dès antérieurement existant, de la commune patriote de *Tourville*, ne viendra-t-il pas lui demander instamment, par délégation à ce spéciale, une affiliation; qu'il ne lui accordera d'ailleurs pas de suite, et qu'il ne lui octroira que le 1er fructidor suivant, après que le pétitionnaire aura eu soin de *s'épurer*, c'est-à-dire de se purger — et cela sous la direction d'un commissaire *ad hoc*, à lui envoyé de Coutances — des aristocrates qu'il a eu, jusqu'ici, le tort de conserver dans son sein !

Et puis n'a-t-on pas, enfin, le bonheur, trop longtemps désiré, d'expédier à Paris — où ils n'arriveront, toutefois, que vers la fin de thermidor an II (voir le *Journal de la Montagne*, à la date du 28), ces braves *cavaliers Jacobins*, délégués militaires futurs du dit club, et qui, en attendant la réfection de leurs *culottes* manquées au début comme nous l'avons vu, rongent impatiemment leur frein, après avoir, dès le 21 messidor, prêté solennellement, devant celui-ci (voir son *registre*), le serment solennel : de *combattre les tyrans couronnés*, et reçu, à cette occasion, comme encouragement à le tenir, le baiser patriotique d'une des citoyennes alors présentes !

Mais un coup de tonnerre va bientôt éclater subitement, au milieu d'une si pure allégresse.

En effet, le 13 thermidor, arrive à Coutances (voir
registre du club à cette date) la nouvelle de la chute, de
Robespierre et *consorts*, dans la célèbre journée du 9 du
dit mois ; et l'on peut, de suite, y comprendre que le
Jacobinisme du lieu, comme celui d'ailleurs, a désormais
fait son temps, du moins dans ses excès sanguinaires
de jadis.

Il ne faut pas croire, toutefois, que ceux qui l'y pro-
fessaient si ardemment, et, entre autres, les membres et
sectateurs de la Société populaire locale, se trouvèrent
par là subitement abattus, de façon à changer immédiatement d'allures en faisant amende honorable de leur
terrorisme de la veille

Au contraire, nous les voyons, dans les premiers temps
du moins qui suivirent cet incident historique si mémo-
rable, continuer à manifester, au dit club, leurs farouches
convictions de l'époque antérieure ; à ce bientôt encouragés, du reste, par une *lettre*, ou *manifeste*, de leur
ancien chef supérieur, le proconsul *Lecarpentier*, qui,
alors retourné dans l'Ille-et-Vilaine, leur en écrit pour les
engager à persister dans leur dévouement passé à la
Montagne, toujours en effet largement représentée au
sein de la Convention nationale (voir, à cet égard, le *registre* du dit club, à la date du 27 thermidor).

Cela est si vrai que, le 18 du dit mois, dans une séance de

7

la Société populaire, ils applaudissent à la lecture, faite par *Lalande* au nom de son fameux *Comité des Cinq*, d'un rapport, de celui-ci, sur les *fédéralistes* supposés de la contrée, où l'on demande, entre autres choses, avec instance, le prompt jugement, par le Tribunal révolution- naire de Paris, des quatre d'entre eux qui y ont été les premiers adressés, c'est-à-dire de : *Lorin*, *Lemonnier*, *Brohon* et *Perrochel*, dont nous avons précédemment vu l'arrestation puis la délation à ce dernier ; qui ne les avait encore pas fait comparaître à sa barre, par suite de la disparition, providentielle pour eux, de quelques-unes des pièces de leur dossier.

Puis, comme si rien n'était changé de ce qui se faisait naguère, on va s'y occuper activement, aussi, de la célé- bration prochaine, le 23 thermidor, de la fête du 10 août, anniversaire de la chute définitive de la Royauté, et où devaient, entre autres exhibitions civiques, figurer un char de *blessés* militaires locaux ; qui y eussent effective- ment paru dans cet appareil, si, redoutant avec raison le péril de voir s'aggraver, par là, leurs douleurs, ils n'eussent instamment demandé à être dispensés des honneurs triomphaux qu'on leur préparait de la sorte.

(Voir sur le *registre* des séances, le *procès-verbal* du 22 messidor.)

Et cette fête a, en effet, lieu, avec un grand déploie- ment de grotesque solennité, dont le risible programme avait été, dans son ensemble, préalablement fourni et imprimé par le District du ressort.

(Voir cette pièce curieuse, dans NOTRE *collection particulière.*)

. Il faut, après avoir lu celui-ci — où, entre autres détails, on voit : toutes les Sociétés populaires du ressort, conviées de se réunir à cette occasion, pour se joindre au cortége officiel, en formant un *bataillon carré* comme symbole de leur attitude martiale vis-à-vis des tyrans monarchiques du dehors, — parcourir, sur le *registre* du club, à la date du 23 thermidor, le *procès-verbal* de la fête elle-même, pour se donner une juste idée de ce que, plus encore peut-être que toutes les précédentes de l'époque, elle présenta, dans son exécution, de véritablement insensé.

On verra, là notamment, une promenade monstre, de toutes les autorités suivies d'une foule énorme de citoyens et citoyennes, au *Parc*, que nous connaissons déjà, et où l'on put, alors, à la fois : entendre pérorer, contre la Royauté, les frères *Nicolle* et *Lemenuel*, et — ce qui était plus agréable encore peut-être — dîner en commun sur l'herbe municipale, puis se livrer à une farandole générale accompagnée de l'air : *Amour sacré de la Patrie;* lequel amour ne faisait, sans doute, en pareil cas, aucun tort à l'autre.

Cependant le moment de la débâcle du jacobinisme local est bien près d'arriver.

Effectivement — sous l'influence, d'ailleurs, du revirement, en ce sens, qui s'opère, de plus en plus, dans les hautes régions du pouvoir national — l'opinion publique de l'endroit, désormais moins timide, commence à se prononcer ouvertement contre ses abus passés, et, notamment, contre le rôle odieux par lui joué dans l'hé-catombe coutançaise du 3 thermidor an II.

Celle-ci, surtout, pèse, à présent comme un remords, ou du moins comme une flétrissure sanglante, sur tous ceux qui sont connus pour y avoir pris une part plus ou moins directe ; et l'on comprend, dès-lors, avec quel trouble ils entendent s'élever contre eux une semblable accusation ! avec quelle hâte ils s'efforcent, plus ou moins heureusement, de s'en disculper !

C'est dans le club lui-même que se trouvent, à cet égard, les plus coupables, des complices locaux du ter-rible conventionnel; et c'est là aussi, par suite, que, pour la première fois, le débat s'engagera publiquement sur ce point.

Nous y voyons, d'abord, la société entière déclarer, collectivement, le 14 fructidor an II (voir son *registre*) : qu'elle n'a pris, comme ensemble, aucune participation officielle à l'arrêté meurtrier de ce dernier, déférant, le 18 messidor an II, les victimes en question, au Tribunal révolutionnaire. Arrêté qu'elle « se garde bien, du reste, » observe-t-elle, dans son jacobinisme enraciné (séance du 16 fructidor), « de critiquer quant au fond. »

Puis, ce sont, pendant plusieurs séances, des discus-sions particulières, qui s'y élèvent, avec la plus grande acrimonie entre leurs auteurs, pour savoir quelle part individuelle a prise réellement, tel ou tel de ceux-ci, dans la confection de la lugubre liste des malheureux ainsi naguère volontairement sacrifiés.

On voit, d'abord, deux d'entre eux : *Lalande* et *Guérin*

— qu'en fait on pouvait bien mettre *ex-æquo* sur ce point — s'attaquer ainsi, dès le 24 thermidor, et engager une sorte de duel de récriminations mutuelles ; dont l'issue provisoire est la radiation, du premier, de la liste de l'association — qui le trouve désormais à la fois trop compromis et trop compromettant — dans la séance du 2 fructidor.

Mais bientôt le second est, lui-même, repris, en sous-œuvre, par d'autres membres du club, à raison de son ignoble rôle — dont il se défend alors fort mal — dans ce massacre judiciaire, devenu désormais si pesant pour tous ceux qui y ont contribué.

Ensuite ce sont, cumulativement, tous les membres du *Comité des Cinq* en général — c'est-à-dire, avec *Lalande :* *Lemaître*, *Nicolle*, *Lecardonnel* et *Longien* — qu'on en accuse, et qui se le reprochent entre eux, en se découvrant ainsi les uns et les autres ; jusqu'à ce que le dernier vienne tout trancher dorénavant à cet égard, en avouant que tous, lui compris, ont en réalité trempé dans cette ténébreuse et sanglante machination politique.

(Voir ici les séances des 14, 15, 16 et 17 fructidor, sur le *registre* sus dit).

De telles révélations étaient assurément déjà de nature à éclairer l'opinion publique sur le caractère véritable de certains des Jacobins du lieu.

Mais ce fut bien pis encore, peut-être, quand une dénonciation, de dilapidations, de la fortune publique ou privée, naguère commises, par plusieurs d'entre eux, à l'aide de leurs fonctions officielles — portée au club lui-même (séance du 4 complémentaire an II), devant l'accusateur public *Lemenuet*, alors par hasard présent, et suivie immédiatement d'une enquête, bientôt à cet égard des plus convaincantes, alors ordonnée, sur eux, par ce dernier; qui dut plus tard y trouver la base facile de poursuites judiciaires contre plus d'un — vint apporter ainsi la démonstration que, chez ces incorruptibles Montagnards, on pouvait assez souvent rencontrer, non-seulement la férocité de fanatiques, politiques impitoyables, mais encore la cupidité de vulgaires spoliateurs.

(Voir le récit des dites poursuites, notamment contre l'administrateur du District de Coutances, *Longien*, dans notre *ouvrage* sur les *Juridictions ordinaires de la Manche pendant la Révolution*, chapitre VII : des *Excès terroristes*.)

On conçoit donc facilement : qu'ainsi profondément atteint dans ses propres membres, et dans ceux là même qui le dirigeaient surtout jadis, le club dont nous écrivons ici l'histoire, commençât à perdre sérieusement de son influence sur le public ; et, par exemple, prêchât désormais complétement dans le désert, alors que, se croyant toujours le défenseur naturel de la *décade* républicaine, il continuait de signaler, avec douleur, la désertion croissante de celle-ci, malgré tous ses efforts personnels pour la remettre en vogue : en engageant la municipalité locale à défendre toute vente, comme tout travail, ce jour-là, en la priant de faire réparer l'*orgue* de la cathédrale, pour la meilleure exécution future du *Ça ira*, et en procurant sans relâche, à cette cérémonie périodique, des *hymnes patriotiques* nouvelles, de nature à en relever, autant que possible, l'intérêt.

(Voir notamment, les séances des : 1ᵉʳ complémentaire, an II; 20 vendémiaire, 25 brumaire, et 4 ventôse, an III.)

Il allait, au surplus, pour se redonner, à lui-même, un peu de crédit dans le public — comme aussi pour satisfaire aux exigences récentes de la loi à l'égard des sociétés de ce genre, ou du moins de celle des Jacobins de Paris; à laquelle celle-ci était, comme nous le savons, affiliée — essayer, maintenant, d'un moyen énergique de se débarrasser de tous les gens véreux qui pouvaient le souiller.

Nous voulons parler d'une *épuration* — ou, en d'autres termes, d'un vote nouveau, de tous les autres membres présents de l'association, sur chacun de ceux la composant actuellement, pour savoir s'il devait, ou non, y être, à l'avenir, maintenu.

Résolue dès le 19 fructidor, cette opération — qui, pour les membres alors conservés, rappelait celle des anabaptistes, — fut exécutée dans les séances des 1ᵉʳ vendémiaire an III, et jours suivants.

Mais elle ne produisit pas, à beaucoup près, les résultats expurgatifs qu'il eut été désirable de lui voir amener dans l'intérêt même du succès futur de l'institution qui se l'était crue nécessaire.

Car, si des Jacobins déjà gravement compromis par les récentes découvertes faites à leur endroit — tels que

Lalande, *Nicolle*, *Longien*, *Guérin*, *Hervieu*, juge au tribunal de district — s'y voyaient exclus par le vote de leurs anciens confrères du club, celui-ci en conservait alors, par suite de la même épreuve, une foule d'autres ne valant guère mieux que les premiers et bien peu propres, eux aussi, à lui faire restituer, quelque parcelle que ce fût, de son ancien prestige local.

On comprend donc parfaitement que, malgré le palliatif en question, le dit club allât désormais tous les jours en déclinant; écrasé qu'il était par son passé, comme aussi par l'extension continue de l'opinion publique dans un sens contraire aux principes jacobins qu'il s'entêtait néanmoins à vouloir toujours conserver et défendre contre leurs nombreux détracteurs.

On s'explique, par exemple, que ses séances — à présent que, d'ailleurs, il n'y avait plus d'intérêt matériel à les fréquenter — devinssent de plus en plus abandonnées; comme il s'en plaint dans le procès-verbal du 13 brumaire an III, et, surtout, dans celui du 22 nivôse, où l'on y constate, avec désespoir, l'absence, désormais constante, des *citoyennes*, qui, jadis, en formaient un des principaux charmes.

Il se débattait cependant, de son mieux, pour ne pas périr, par exemple — en instituant, dans son propre local, le 29 brumaire an III, des *conférences* publiques décadaires, sur des sujets politiques : avec *hymnes patriotiques* à chanter par les divers assistants — en distribuant, de temps en temps, des secours aux nécessiteux de la ville; notamment à la séance du 5 nivôse an III,

qu'il fournit des chaussures à un soldat mis, faute de
pouvoir s'en procurer au milieu de la disette de cuir du
moment, dans l'impossibilité de rejoindre son corps —
enfin, en créant, le 18 nivôse an III, dans son propre
sein, une sorte de bureau d'*assistance judiciaire*, pour
la défense gratuite des intérêts des indigents.

Mais rien de tout cela ne pouvait le sauver; et il aurait
fini par périr promptement d'épuisement, s'il n'avait lui-
même été au-devant du trépas, en faisant abréger
violemment ses derniers jours.

En effet, le représentant *Bouret* alors de passage dans
la Manche — où il venait accomplir, de concert avec
son collègue *Legot*, une mission réparatrice, et même,
jusqu'à un certain point, réactionnaire, contrastant sin-
gulièrement, il faut le dire, avec son rôle terroriste, dans
la même contrée, l'année précédente, — s'étant, le
7 nivôse an III, présenté à la dite Société populaire, y
fut — sans doute à cause de ces diverses circonstances —
accueilli par des sifflets, et même des chants orduriers
dérisoires, qui le forcèrent d'évacuer la salle, pour aller
se plaindre, de cette réception, à son collaborateur conventionnel du moment, auquel appartenait alors la haute
main dans le dit département.

C'était déjà là, pour celui-ci — personnellement animé
contre les anciens terroristes du pays, qu'il traquait de
tous côtés, et, surtout, chassait de toutes les administra-
tions en les y remplaçant par des hommes plus modérés
d'opinions, entre autres : *Lalande* et *Nicolle*, dont, le

23 pluviôse an III (voir le *Moniteur* du dit jour), il faisait confirmer la destitution, par la Convention elle-même ; ainsi que nous l'avons raconté dans le chapitre VII, précité, de notre *travail* sur les *juridictions de la Manche pendant la Révolution* — une fort mauvaise note, de plus, à la charge du club dont s'agit; qu'il avait, sans nul doute, en arrivant naguère à Coutances, projeté de faire fermer à la première occasion.

Il n'osa pas, toutefois, exécuter encore de suite cette détermination, et se borna, pour l'instant, à aller le semoncer, sur sa conduite inconvenante vis-à-vis de son collègue, à la séance du 12 nivôse; en le laissant provisoirement végéter encore quelques jours, et même parader, une dernière fois, à la fête civique, du 2 pluviôse an III, en anniversaire du 21 janvier 1793, jour de la *juste punition du dernier tyran* des français (voir le procès-verbal de celle-ci, sur les *registres municipaux.*)

Mais il n'attendait qu'une nouvelle occasion de le supprimer; et il crut la trouver dans la persistance, du dit club, à conserver, en son local, les bustes de *Marat* et de *Lepelletier*, — jadis presque déifiés. et désormais proscrits, — que, du reste, celui-ci avait, le 25 pluviôse, décidé d'enlever du lieu ordinaire de ses séances, où, comme nous le savons, ils avaient si longtemps trôné.

Aussi, d'accord avec la municipalité, dès alors *régénérée* dans un sens réactionnaire, de la ville — qui, dès le 21 ventôse an III, avait envoyé son commissaire de police enlever les bustes sus dits (voir, aux ARCHIVES MUNICIPALES DE COUTANCES, carton 149, cote 10, le *procès-verbal* alors, de ce, rédigé) — il rendit, le 24 du même mois, un arrêté ordonnant définitivement la fermeture du club dont s'agit.

En conséquence, le lendemain même, l'agent national de la commune, *Lebreton*, se transportait, au local de celui-ci ; en mettait, sans cérémonie, à la porte, une dizaine de ses membres qu'il y trouva lisant les journaux auxquels la société était, comme nous le savons, abonnée ; et y apposait immédiatement des scellés, en y laissant une sentinelle pour les garder.

(Voir *ibid.*)

Puis, le 26 ventôse, les deux officiers municipaux : *Lecarpentier*, et *Chapel*, s'y rendaient à nouveau, au nom de leur administration, pour en dresser un *inventaire*, que l'on trouve dans le même carton ; et que nous connaissons déjà, puisque nous y avons, dans ce qui précède, puisé une foule de renseignements matériels, et notamment la description du dit local ainsi que du mobilier le garnissant.

Ainsi se termina — malgré toutes les protestations que jugea à propos de faire, au moment du dit inventaire, qui les a consignées, son dernier président, l'ex-agent national de la municipalité précitée, le citoyen *Deshaies*, alors à ce appelé — la longue et fiévreuse existence de cette Société populaire, dont si peu soupçonnent aujourd'hui l'existence, mais qui n'en joua pas moins, comme on l'a vu, un rôle local si important, pendant une grande partie de l'époque révolutionnaire.

Le club terroriste sus dit a donc définitivement vécu.

Mais Coutances va, presque aussitôt son trépas ainsi
réalisé, voir se fonder, dans ses murs, une *nouvelle* So-
CIÉTÉ POPULAIRE, qui, elle, ne portera pas de nom spécial,
et dont le représentant *Legot*, tout en dissolvant la précédente, a, en quelque sorte simultanément, autorisé
l'ouverture sans nul doute depuis longtemps déjà projetée.

C'est assez dire qu'il s'agit, là, d'une création, de couleur toute différente de la première, et de nuance bien
plutôt *réactionnaire* que jacobine ; et même d'une sorte
de machine de guerre destinée à aider, dans l'opinion
publique locale, à la répression officielle, concomitante,
des anciens séides de la Terreur manchaise.

On en aura, du reste, de suite la conviction, par sa
composition même ; en attendant qu'on l'ait encore plus
par les actes politiques auxquels elle ne tardera pas à se
livrer.

Son étude est, au surplus, ici, relativement aisée,
puisque nous trouvons, dans les *archives municipales* de
la ville, carton 149, cote 10 — presque dans son entier,
bien que lacéré en deux morceaux horizontaux — le
registre unique de ses séances ; où manquent seulement,
à son début, une dizaine de feuillets, et qui se continue,
sans interruption, jusqu'à la cessation de la dite société
en thermidor an III.

De qui, d'abord, se compose-t-elle ?

Nous ne pouvons ici le dire que par approximation, vu l'absence, dans le dit registre tel qu'il nous est aujourd'hui conservé, de la liste de ses membres ; qui ne se retrouve d'ailleurs, à proprement parler, dans aucun autre document à elle relatif.

Toutefois, il nous est facile de la recomposer, du moins pour la majeure partie, à l'aide, non-seulement de ce registre lui-même — où nous en trouvons un grand nombre de mentionnés, soit au moment de leur admission, soit à tout autre titre — mais encore de diverses pièces au bas desquelles leur ensemble est venu mettre ses signatures individuelles, par exemple de l'*adresse*, ci-après citée, à la Convention, à l'occasion des événements du 1er prairial an III.

On arrive facilement, de la sorte, à savoir : que la dite société comprenait environ *cent* membres, dont les principaux ont été par nous énumérés à la *page* 195 et suivantes de notre récente publication sur l'*organisation des pouvoirs publics dans la Manche pendant la Révolution.*

Et l'on reconnaît de suite, en même temps, que tous, ou presque tous, appartiennent aux classes sociales élevées de la localité, et, en tout cas, à la catégorie collective des ennemis du jacobinisme.

Il y a même là, en grand nombre, et y devant forcément, à ce seul titre, jouer un rôle plus ou moins dirigeant, des victimes diverses de celui-ci.

Par exemple :

Un ancien accusé devant le Tribunal révolutionnaire de Paris — où il avait toutefois eu la chance de se

voir, sinon acquitté complétement , du moins relaxé , le
3 juillet 1793 (voir notre *travail*, précité, sur ce Tribunal,
p. 88) — le sieur *Delamare de Crux*, ancien avocat du roi
au bailliage de Coutances ; d'ailleurs , d'un autre côté,
père, comme nous le savons déjà, d'un des membres de
la déplorable *fournée* de Coutances, qui n'avait échappé
au triste sort, de la presque totalité de celle-ci, que grâce
à sa fuite, de Bayeux, avant l'arrivée des charrettes
d'accusés où il devait lui aussi monter.

Puis, un autre membre de la dite fournée, qui, lui,
avait eu le bonheur, assez inexplicable à une pareille
époque, d'éviter, aussi, ce sort, au moyen d'une sentence
d'acquittement rendue à son profit, le 3 thermidor an II,
par le même arrêt qui condamnait à mort, comme nous
le savons, dix-neuf de ses compagnons d'accusation : le
sieur *Gobillet,* cultivateur à Grimouville.

Ensuite, le jeune *Leforestier de Mobecq*, fils d'un de ces
derniers, et qui, lors de sa réception, comme membre
de la Société dont nous nous occupons en ce moment, le
10 floréal an III (voir son *registre*), ne manqua pas,
dans un discours d'entrée — de suite sympathiquement
répondu par le président d'alors — de faire une saisis-
sante allusion au crime judiciaire qui lui avait naguère ravi
son malheureux père.

De même, trois des quatre premiers poursuivis jadis,
pour *fédéralisme*, devant le Tribunal révolutionnaire sus
dit — au jugement, certainement d'avance pour eux meurtrier, duquel, ils n'étaient échappés que grâce à la survenance, avant celui-ci, du 9 thermidor, qui les avait,

d'abord sauvés de sa juridiction, puis bientôt rendus à la liberté — les sieurs *Lorin*, *Lemonnier*, et *Brohon;* naturellement revenus dans leurs foyers avec l'intention de se venger de leurs anciens ennemis locaux, et d'ailleurs destinés, par leur notoriété antérieure, comme par leurs talents personnels, à jouer le principal rôle dans la direction de la nouvelle association dont s'agit.

Enfin, d'anciens détenus comme *suspects*, ou au moins révolutionnairement révoqués de leurs fonctions officielles électives; tels que : les *Paquet-Beauvais*, les *Drogy*, les *du Mesnil-Adelée*, les *Couraye du Parc*, et autres Coutançais de mêmes opinions relativement modérées.

Et, quant aux membres de la dite énumération, qui n'ont pas, ainsi, directement pâti des excès terroristes, ils sont, eux aussi, depuis longtemps connus dans la contrée, pour leur réprobation, au moins tacite, de ceux-ci, auxquels en tout cas, aucun d'eux n'a jamais pris part. Entre autres, les sieurs : *Lebrun*, notaire de l'ancienne noblesse de Coutances, et *Morin*, commis d'enregistrement de la dite ville, sont indubitablement dans ce cas.

Assurément un pareil personnel, composé de tous ou presque tous réactionnaires avoués — parmi lesquels on eut même pu trouver plus d'un royaliste, noble ou roturier, n'attendant qu'une occasion favorable de se révéler comme tel — ne pouvait engendrer, en se réunissant ainsi, qu'une association anti-jacobine, et même positivement rétrograde.

Et telle devait bien être aussi, forcément, la nuance

politique des nombreux spectateurs locaux qui, bientôt, suivront assidûment ses séances ; ou, d'ailleurs, il ne faut guère compter les femmes, surtout après que la loi sera venue leur interdire, le 4 prairial an III, comme nous le savons, d'assister à une réunion politique quelconque.

On peut, du reste, vérifier, en partie du moins, l'exactitude de cette dernière assertion, en lisant, notamment à la suite de l'*adresse*, ci-après mentionnée, *contre Lecarpentier*, les noms mêmes — bien connus dans la contrée — des sectateurs ordinaires du dit club.

Tel était son personnel. Nous verrons, tout à l'heure, celui-ci à l'œuvre.

Mais, auparavant, comment devait-il être recruté — en dehors, bien entendu des fondateurs de l'œuvre — quant à ses membres proprement dits ? et, d'une façon plus générale, à quels *statuts* intérieurs devait-il obéir ?

Ceux-ci — que nous voyons énoncés, puis adoptés, dans la séance du 19 germinal — édictent, entre autres dispositions, précédées de considérations préliminaires, aussi vagues de fond, que boursoufflées quant à la forme :

Que l'association en question se compose de membres qui, à l'avenir — admis d'abord provisoirement par un *Comité de présentation*, chargé d'élaguer, dès le début, les candidats évidemment indignes d'y entrer — le seront ensuite définitivement, après affiche préalable de leurs noms dans le lieu des séances, par la majorité absolue seulement de ceux faisant déjà partie de l'œuvre.

Qu'ils auront tous à payer, annuellement, une cotisation de six francs.

Qu'un d'eux, à ce choisi par eux tous au commencement de chaque mois, présidera, pendant celui-ci, les séances de la Société.

Que celles-ci auront lieu seulement trois fois par décade, à commencer de sept heures du soir en été, et de six en hiver.

Qu'elles seront *publiques*, même pour les femmes, auxquelles une tribune spéciale sera destinée.

Qu'en outre de ces assemblées proprement dites de l'œuvre, celle-ci donnera, quotidiennement, dans le local de celles-là, par un de ses membres à ce désigné, *lecture publique*, à la foule présente, des journaux lui appartenant.

Qu'enfin, un comité, à ce constitué dans le sein même de l'association, aura pour mission spéciale de compléter le bon effet des dites séances et lectures, par une assistance continuelle et gratuite, de conseils et même de défense proprement dite, aux indigents qui viendront, dans leurs embarras d'affaires, à s'adresser à lui.

Telles étaient les principales règles organiques de la nouvelle société ; qui allait, du reste, dès ses débuts — pour le conserver jusqu'à la fin — s'installer, avec l'autorisation du District, lui aussi récemment régénéré, de la ville, dans le local même naguère en dernier lieu occupé par le club jacobin de celle-ci ; dont il aurait, de la sorte, à combattre et à effacer les anciennes traditions. sur le

théâtre même des discussions et délibérations passées
de' ce dernier.

(Voir à cet égard, dans le *carton municipal*, 149, cote 10, aux
ARCHIVES DE LA MAIRIE DE COUTANCES, le *procès-verbal*, à la date du
11 germinal an III, du récolement mobilier alors fait à cette occasion.)

Assistons, maintenant, à ses séances :

Elles sont au moment — d'ailleurs, selon toute apparence, très-voisin de leur premier début — où commence
le *registre* qui en contient les procès-verbaux, c'est-à-dire
au 11 germinal an III, présidées par *Cabaret*, ancien
juge de paix du canton de Coutances ; qui y occupera le
fauteuil pendant le restant du dit mois.

Après quoi, nous le verrons prendre, successivement,
par :

Guignon, directeur de l'enregistrement ; en floréal.

Lorin, déjà de nous connu ; en prairial.

Brohon, que nous connaissons également déjà ; en
messidor.

Et *Drogy*, alors maire de la ville ; en thermidor, où,
comme nous allons le voir, devait se dissoudre brusquement l'association en question,

Pendant tout cet intervalle, nous assistons aussi à la
réception, à différentes dates, de nombreux candidats,
tous, en général du moins, de la couleur politique que
nous savons, et qui, une fois admis par le vote de leurs
coassociés futurs alors présents, n'ont plus, comme jadis
dans le club jacobin, à prêter de serment civique, mais
reçoivent toujours l'*accolade* du président ; auquel, du

reste, les *citoyennes* de l'assistance veulent bien, désormais, laisser le monopole de cette démonstration fraternelle.

Et nous n'aurons plus à constater, non plus, désormais, d'échec de candidats à la dite réception, comme on en voyait assez fréquemment au club précité : soit que l'on fût dans le nouveau — où d'ailleurs la simple majorité suffisait, légalement, à l'admission — plus coulant à cet égard que dans le premier ; ou que, plutôt, les individus offrant peu de chance d'être publiquement et définitivement reçus, eussent été d'avance élagués par le comité de présentation sus dit, qui n'existait pas dans la précédente association.

Voyons, maintenant, de quoi va s'occuper, dans les dites séances, celle en ce moment étudiée.

Dès le 12 germinal, son opinion politique se manifeste, par la lecture, et l'approbation enthousiaste, d'une proclamation *anti-terroriste* que vient d'adresser, à ses administrés, le nouveau District de Coutances.

Mais elle se témoigne bien mieux encore, le 17, où, après une convocation *ad hoc* faite le jour précédent, la nouvelle Société populaire, accompagnée d'une foule énorme d'habitants de la ville, se rend, précédée de tambours et chantant l'air thermidorien du *Réveil du peuple* (paroles de *Souriguières* et musique de *Gaveaux*), — alors fort en vogue (le voir dans le recueil des *Poésies révolutionnaires et contre-révolutionnaires*, t. I, p. 306), — à la Municipalité locale, pour y prendre les bustes de *Marat* et *Lepelletier* ayant jadis appartenu au club Jacobin et enlevés, comme nous le savons, à celui-ci le 22 ventôse précédent ; puis, de là, traverse, avec les mêmes chants et aux cris de : *A bas les terroristes !* les principales rues de Coutances, pour aller enfin jeter solennellement, *à la voirie*, ces deux symboles de la récente tyrannie montagnarde, en promettant, par ses cris — joints à ceux du peuple qui continue de la suivre, — un *sort analogue*, à tous ceux qui tenteraient désormais de rétablir cette dernière.

Il faut, du reste, lire le texte même du procès-verbal de l'exécution posthume en question — consigné, à la date sus dite, sur le *registre* de la Société dont s'agit, dans un style aussi ridiculement emphatique que l'étaient jadis, dans un autre sens politique, les descriptions jacobines analogues — pour se donner une juste idée du nouveau fanatisme, rétrograde celui-là, qui désormais remplaçait celui, diamétralement contraire, qui régnait, dans la même localité, quelques mois seulement auparavant.

Et, non content, de l'avoir accomplie avec un tel fracas, la Société qui vient ainsi d'y procéder, une fois revenue au local de ses séances, croit à propos de faire connaître, non-seulement à ses concitoyens de la ville, mais encore à tous les habitants du Département, la nature de ses opinions politiques, dans une *proclamation* à ceux-ci, contre le Terrorisme, d'un style foudroyant à son endroit, et qui sera distribuée à *mille* exemplaires imprimés.

Mais il n'importe pas moins de manifester les sen-

timents de l'association, sur ce point, à la Convention
nationale — alors, du reste, toute disposée, vu la récente
attaque jacobine, de sa propre enceinte, dans la journée
du 12 germinal, à entrer, en général, pour un instant du
moins, dans de pareilles idées. Et c'est ce dont la première ne se fait faute, en profitant, le 18 du dit mois, de
cet événement, pour rédiger et envoyer, sur le dit sujet,
à la seconde, une *adresse* des plus déclamatoires.

Au surplus une nouvelle occasion, d'ailleurs toute
trouvée d'avance, allait, surtout, lui permettre de s'affirmer encore, et même davantage que par le passé. dans le
sens anti-jacobin que nous savons.

En effet, s'il était un homme qui, dans nos contrées, eût
laissé de tristes souvenirs par son terrorisme meurtrier,
c'était bien l'ancien directeur suprême du jacobinisme
local, l'ex-proconsul *Lecarpentier* : qui avait naguère, de
sa main, signé, comme nous l'avons vu, l'envoi, à une mort
certaine, d'une vingtaine de nos concitoyens, et leur
avait, de la sorte, et sans aucune incrimination tant soit peu
sérieuse contre eux, fait subir, sur l'échafaud de Paris,
un trépas prématuré ; qui, de plus, avait, dans le même
temps — bien qu'heureusement sans le même résultat
sanglant — adressé, au même Tribunal révolutionnaire
de la capitale, de diverses parties du département, cinq
autres *fournées* de victimes innocentes; et qui, enfin,
depuis l'accomplissement, dans la mesure de ses pou-
voirs, de pareils forfaits, loin de s'en repentir, n'avait
pas craint d'en faire parade dans son *rapport*, sur ses

diverses opérations dans la Manche (il a été imprimé, et se trouve, notamment, dans la collection GUISLE, précitée), par lui fait, en fructidor an II, à la Convention — au sein de laquelle il continuait, d'ailleurs, de siéger, au grand scandale de tous les honnêtes gens qui l'avaient jadis vu, chez nous notamment, à l'œuvre en fait d'abus dictatoriaux.

Comment donc laisser désormais tant de crimes impunis! et ne pas chercher — alors surtout que les circonstances politiques paraissent, à présent, s'y prêter — à leur faire rendre, par qui de droit, la justice vengeresse qui leur est depuis longtemps due! Comment, surtout, laisser dorénavant ignorer, à la représentation nationale — que continue de souiller, et même de mettre en péril, la présence, dans son sein, d'un pareil monstre — toute l'énormité des méfaits dont il a naguère affligé nos malheureuses régions!

C'est bien là, aussi, ce à quoi, dès les premiers jours de son installation, ne manque pas de songer la Société anti-jacobine dont nous nous occupons en ce moment; et elle ne devait pas tarder à transformer, en actes positifs, un pareil sentiment.

Effectivement — imitant en cela ce qui venait de se passer, à *Valognes*, de la part des citoyens de cette localité, qui, jadis, eux aussi, victimes de *Lecarpentier*, bien que cependant, par le fait, à un moindre degré que Coutances, venaient, à cette cause, de le dénoncer, à la Convention nationale, dans un *mémoire* foudroyant (il a été imprimé, et se trouve, entre autres endroits, dans NOTRE propre *collection*) — elle résolut, elle aussi, d'en faire autant, relativement surtout aux excès terroristes jadis accomplis, par lui, dans cette dernière ville.

A cet effet, elle nomme d'abord, le 23 germinal, une *commission*, de recherches de renseignements précis à ce sujet, composée de six membres — qui sont les sieurs : *Potier,* commandant amovible de la ville; *Lebrun,* notaire en celle-ci ; *Delalande,* homme de loi ; *Morin,* commis de l'enregistrement ; *Foucher;* et *Cabaret,* ancien juge de paix — chargés de se les procurer auprès des citoyens de la localité ; alors, de leur côté, invités à ne pas négliger de les leur fournir s'ils en possèdent.

Puis, quand celle-ci les a suffisamment recueillis, on désigne, à la séance du 6 floréal — où rapport a été préalablement fait des résultats accusateurs ainsi obtenus — le sieur *Lemonnier,* avocat, que nous connaissons déjà, et qui ne devait pas, naturellement, en pareille matière y aller de main-morte, pour rédiger la dénonciation qu'il s'agit d'adresser à la Convention contre le représentant en question.

Quelques jours après, en effet, ce mémoire était prêt, avec copie terminale des pièces à l'appui ; et, le 13 du dit mois, lecture publique en est donnée à la Société populaire ; qui l'approuve, puis, le lendemain, le fait revêtir de signatures, non-seulement de ses membres proprement dits, mais encore d'une centaine d'autres émanées de divers citoyens de la localité.

Nous connaissons cette pièce — capitale dans les fastes de notre histoire révolutionnaire locale, — non-seulement par le *procès-verbal* de la séance où elle fut ainsi soumise à l'approbation de la dite Société, mais encore par l'impression qui en fut alors ordonnée en nombreux exemplaires dont un se trouve en la possession de l'auteur de cette étude.

Elle contient, naturellement, avant tout, une diatribe virulente contre l'ex-proconsul qu'elle avait pour principal but de frapper. Mais elle ne néglige pas, non plus, d'atteindre, nommément, plusieurs de ses anciens séides et complices locaux, à savoir : *Longien, Lalande, Nicolle, Lecardonnel* — dont nous avons précédemment vu, en effet, la conduite ultra-montagnarde — et, en outre, *Lefébure*, ancien membre du District de Coutauces, et *Guillon*, ex-juge de paix à Cerisy-la-Salle ; tous les deux, également, jadis les familiers de Lecarpentier, et dont le dernier avait été naguère, même avant la fin de la Terreur, condamné, pour dilapidations, terroristes par le Tribunal criminel de la Manche. (Voir à cet égard, notre *étude* sur les *Juridictions ordinaires* de ce département *pendant la Révolution*, chapitre VII).

Ainsi préparée, cette dénonciation ne devait pas tarder à être présentée, à l'Assemblée conventionnelle, par une *députation* à ce nommée ; qui la lui remit dans la séance du 25 floréal an III.

(Voir *Moniteur* du dit jour).

Le coup était assurément terrible pour l'ex-proconsul, qui, précisément, était présent au moment de cette remise.

Il essaya bien de rétorquer, séance tenante, une pareille attaque ; et, de plus, d'y répondre, plus compétemment, deux jours après, dans une *défense*, qu'il fit de suite imprimer (la voir à la Bibliothèque de Valognes), et qui était, d'ailleurs, destinée à réfuter collectivement toutes les plaintes locales dont il était alors l'objet, nonseulement de la part de Coutances, mais encore, comme nous le savons, de celle de *Valognes*, et, surtout peut-être, de celle de *St-Malo*, où, comme nous l'avons également vu, il avait jadis semé tant de deuils.

Mais en pure perte. Dès ce moment, il était perdu aux yeux aussi de la majorité de ses collègues ; qui ne manqua donc pas, lors de la nouvelle agression populaire jacobine, du 1er prairial, de le comprendre, une fois celleci repoussée, dans la liste des représentants alors incarcérés pour complicité, même simplement présumée, avec la dite émeute — dans laquelle il ne paraît cependant en rien avoir réellement trempé. Mesure de rigueur qu'il eut à subir jusqu'en brumaire an IV, où il se trouva délivré par suite de la loi, d'amnistie générale des faits révolutionnaires antérieurs, du 4 du dit mois.

C'était là, assurément, l'occasion, pour la Société populaire de Coutances, de se montrer doublement sympathique à la Convention, qui venait alors d'échapper, comme par miracle, aux attaques obstinées du parti que la première s'était, chez elle, déjà si vivement attachée à perpétuellement combattre ; et de réitérer en même temps ses plaintes légitimes contre celui qui, au moment même de sa mise en arrestation, fut si justement qualifié de *bourreau de la Manche* (voir le *Moniteur* du 1er prairial an III).

Aussi ne se fit-elle faute de rédiger, le 19 du même mois, — en y insérant le dit rappel de griefs, — une *adresse* de félicitations enthousiastes, à l'Assemblée nationale ainsi délivrée ; qui, signée de tous ses membres, fut aussitôt imprimée à un grand nombre d'exemplaires, dont nous en possédons également un.

Mais, s'il était à la fois juste et urgent d'atteindre ainsi l'ancien chef suprême du terrorisme départemental, ne l'était-il pas également d'assurer aussi la punition de ses complices locaux de jadis, de ceux-là qui, dans les diverses villes de la Manche, et notamment à Coutances, lui avaient alors servi de cortége et d'appui sanguinaires, et avaient alors dirigé ses coups vers tant d'innocents n'ayant autre chose à se reprocher que d'avoir, depuis plus ou moins longtemps auparavant, encouru — sans la mériter, d'ailleurs, le plus souvent — la haine personnelle de ces lâches conseillers du crime !

Il est vrai que plusieurs de ceux-ci expiaient déjà, jusqu'à un certain point, cette conduite coupable du passé :

Qu'ils avaient été, en général, chassés, par le représentant *Legot*, de toutes les fonctions publiques jadis par eux occupées.

Qu'un certain nombre avaient, en outre, été, à l'occasion des abus alors commis par eux dans ces dernières, décrétés d'arrestation, par ordre du même conventionnel, ou même par ceux de l'autorité judiciaire du pays; qui en avait déjà fait, pour la dite cause, juger et condamner quelques-uns, en attendant que d'autres éprouvassent bientôt le même sort.

Que, par exemple, l'ex-membre du District de Coutances, *Longien*, avait été, dès brumaire an III — à la suite de l'*enquête*, déjà précédemment mentionnée, alors ouverte, par l'accusateur public lui-même, en vertu de la dénonciation générale, des abus terroristes locaux, qui venait de lui être faite en plein club — incarcéré, puis déféré au Tribunal criminel de la Manche; où il allait, sans doute, être bientôt jugé à raison de ceux jadis par lui commis.

Que déjà celui-ci avait, le 15 pluviôse an III, condamné, pour cette cause, un des collègues du premier: le citoyen *Fonnard;* qui, toutefois, avait eu, sur renvoi de cassation, la chance de se faire récemment acquitter, par le Tribunal criminel du Calvados, le 17 germinal suivant.

Que celui de la Manche avait, de même, le 16 pluviôse, prononcé une condamnation — restée, celle-là, définitive — contre un nommé *Noel* dit *Lepine*, ex-procureur de la commune de la Vandelée, à raison d'excès analogues.

Qu'il devait encore, le 16 floréal, en rendre une contre un ex-membre du District de *Valognes*: le citoyen *Mouchel* dit *Lafosse*, également ancien terroriste.

Et que, plus tard, le 18 messidor, il frapperait, de même, deux membres du Comité de surveillance de cette ville, les nommés *Loyer* et *Cannevin*, dès à présent arrêtés et poursuivis, eux aussi, pour abus terroristes.

Le tout, ainsi que nous l'avons — avec bien d'autres faits relatifs à cette matière — raconté en détail dans notre *ouvrage*, sur les *Juridictions ordinaires de la Manche pendant la Révolution*, chapitre vii, déjà précité.

Mais est-ce que tout cela suffisait en pareil cas ! et n'était-il pas inique de laisser, sans répression autre que la destitution de leurs emplois — si tant est encore qu'ils en possédassent — tant d'autres coupables, qui, à divers degrés de criminalité, avaient également jadis contribué à l'œuvre de sang entreprise, chez nous, par le terrible proconsul !

Ceux-là, il fallait donc aussi, du moins dans une certaine mesure, les punir de cette complicité meurtrière de jadis ! et tel était à coup sûr, en particulier, le vœu de la Société populaire actuelle de *Coutances*.

Or, un moyen facile allait bientôt se présenter de le faire, bien qu'imparfaitement pour beaucoup d'entre eux.

En effet, une loi du 25 germinal an III, ayant, à la suite de l'attaque jacobine du 12 contre la Convention nationale, ordonné le *désarmement* général, de tous les anciens terroristes, par l'intermédiaire des divers Représentants alors en mission—c'est-à-dire, pour la Manche, de *Bouret*, qui s'y trouvait alors, avec mission géné-

rale, du reste, de l'achever de réactionnariser — ceux-là,
à Coutances en particulier, allaient, naturellement avoir
à en subir les conséquences à la fois spoliatrices et désho-
norantes.

Effectivement, dès le 30 germinal, la municipalité, dès
alors, comme nous le savons, déjacobinisée, de Coutances — à laquelle le représentant sus dit en venait de dé-
léguer la mission spéciale — faisait désarmer (voir ses
registres à cette date) les ex-Jacobins ci-après :

Guérin, que nous ne connaisons déjà que trop.

Corbet, Malorey, Voisin, Hue; ex-membres du Comité
de surveillance de la ville.

Leloup, ex-juge au Tribunal de district de celle-ci.

Fevrier, ex-greffier du juge de paix de la localité.

Et *Potigny* dit *le Prince*, ancien membre de son club
jacobin.

C'était déjà là quelque chose en fait de protestation
effective et officielle contre les anciens tyrans Montagnards de la localité ; et la Société populaire nouvelle,
qui depuis longtemps appelait de tous ses vœux une répa-
ration publique de cette nature, dut, naturellement, applaudir à une pareille exécution.

Cela se voit, d'ailleurs, par l'enthousiasme avec lequel
elle accueille, à la séance du dit jour, la nouvelle
de l'ordre que vient de donner *Bouret* d'opérer le désarmement réactionnaire général, dont on venait de voir
s'opérer, dans la journée même, un premier exemple
vis-à-vis des ex-terroristes de l'endroit.

Mais celui-ci était trop restreint pour la satisfaire complétement à cet égard. Il fallait, à cet effet, bien d'autres exécutions de ce genre, sinon plus significatives encore ! et nous la voyons, le 19 floréal —. que le représentant sus dit, alors de passage dans la ville, avait cru devoir à sa vive sollicitation, se rendre à sa séance — les lui demander vivement; en lui fournissant elle-même, le surlendemain, une première liste supplémentaire de gens à priver de leurs armes.

C'est à la suite de cette sorte de dénonciation collective, que, le 25 floréal, nous voyons la *Muuicipalité de Coutances* — toujours en pareil cas la mandataire locale du dit représentant — ordonner encore le désarmement, anti-terroriste, de :

Clément, Eudes les Carrières, Cornet, Lebarbier, Legerais, Lebrun, Lefillastre; ex-membres du Comité de surveillance sus dit.

Héot, juge au Tribunal de district de la ville; d'où il est, du reste, destitué par un arrêté, de *Bouret,* du même jour, 25 floréal ; encore bien qu'il eût été naguère maintenu dans son poste officiel, par le réactionnaire *Legot.*

Levivier, ex-maire de Coutances.

Deshaies, ex-agent national de la dite commune.

Leboulanger, fils, ex-officier municipal de celle-ci.

Legluais, id.

Guillot-Duval, Lefébure, Castel, Jouenne, Delamare et *Jourdan;* ex-membres du District de Coutances — et *Esnée,* ex-commis, ibid.

Esnouf dit *Montauciel,* ex-guichetier du *Fort-Colin.*

Hébert, sculpteur, *Lenoir,* carrossier, *Lacroix-Lecerf,* mercier, et *Frémond*, rouettier; tous les quatre, ex-membres du club jacobin de la ville.

Dont le désarmement, joint au précédent du 30 germinal, portait, à plus d'une trentaine, le nombre des individus ainsi frappés de la mesure en question.

D'un autre côté, le jour même où le second s'opérait ainsi, le représentant sus dit faisait — toujours sur la demande de la Société populaire en question — incarcérer, bien que sans avoir à relever contre eux de faits pouvant à vrai dire constituer une inculpation judiciaire, les ex-terroristes : *Lalande*, *Nicolle* et *Hervieu*, déjà de nous connus; qui ne devaient se voir délivrés, de cette détention en quelque sorte arbitraire, que plusieurs mois après. Le tout, ainsi que nous l'avons plus amplement raconté dans notre chapitre vii, précité, des : *Juridictions ordinaires de la Manche pendant la Révolution.*

Cette fois, le nouveau club Coutançais — en grande partie du moins l'auteur véritable de toutes ces diverses sévérités au respect de toute une classe fort nombreuse de ses concitoyens, ainsi atteints dans leurs personnes ou dans celles de leurs parents et intimes amis — devait, enfin, se trouver satisfait, et renoncer à toute autre persécution de ce genre.

Mais il n'en fut rien. Et, mis au contraire en goût prononcé de celle-ci, par le succès même qu'elle avait eue, il ne songea dès-lors à rien autre chose qu'à étendre, davantage encore, le cercle, déjà si grand, des proscriptions réactionnaires locales; de façon à finir par substituer, toute proportion gardée, une véritable *Terreur blanche*, à la place de la *Terreur rouge* qui avait naguère désolé la localité.

C'est ainsi qu'on le voit, dans sa séance du 8 prairial, profiter, de la recrudescence générale d'indignation, contre le parti jacobin, que vient de déterminer la nouvelle attaque à main armée, de celui-ci, contre la Convention, dans la journée du 1er du même mois, pour demander l'arrestation de l'ex-officier municipal *Oulès;* laquelle a, effectivement, lieu quelques jours après (voir le *registre d'écrou* de Coutances, à la date du 17), sauf relaxation prompte, toutefois, de cet ancien Montagnard — qui jadis, du reste, en avait plutôt eu l'apparence que la réalité, et contre qui, d'ailleurs, ne s'élevait aucune incrimination précisée.

Puis, le 19 — usant du pouvoir au moins moral, sinon véritablement officiel, que lui donnent alors les circonstances ultra-réactionnaires du moment et l'appui, qui lui est depuis longtemps acquis, des autorités locales nouvelles — il fait comparaître, à sa séance, le gendarme *Thézeloup*, qui jadis avait, en obéissant aux ordres de ses chefs, conduit, au Tribunal révolutionnaire de Paris, plusieurs des accusés de la localité; lui fait passer un véritable interrogatoire public; et, peu satisfait de ses réponses sur divers faits terroristes à sa charge, décide que son désarmement sera de suite demandé à qui de droit.

Il n'est pas jusqu'à l'accusateur public du Tribunal criminel, *Lemenuet de la Jugannière*, dont la destitution ne soit, à la séance du 27, réclamée par un de ses membres ; qui, toutefois, n'est pas alors écouté sur ce point.

Mais il allait bientôt y avoir, pour le club en question, une nouvelle occasion de manifester, et de la façon la plus solennelle, sa haine invétérée, et devenue même, à son tour, franchement persécutrice, contre le terrorisme local en général, à savoir : la *fête* civique du 9 *thermidor*, en anniversaire de la chute de Robespierre, l'année précédente, à la même date.

Aussi le voit-on, ce jour-là (voir son *registre*, à la dite date), la célébrer avec enthousiasme ; non-seulement en assistant, au *Temple* de la ville (qui était, comme nous le savons, son ancienne cathédrale), à une cérémonie officielle y accomplie à cette occasion ; mais encore, en se divertissant, dans le lieu même de ses séances — avec les *citoyens* et *citoyennes intéressantes* des tribunes, qui se joignent à ses membres proprement dits ainsi qu'au président du Département alors accouru pour honorer la réunion de sa présence amicale — par des chants en rapport avec la journée ainsi fêtée, et entre autres celui, si fameux, du *Réveil du peuple,* que voulut bien entonner lui-même ce haut fonctionnaire, ainsi que par des *danses* récréatives, qui, il faut bien le dire, rappelaient assez, sauf le changement du personnel chorégraphique, les anciennes saturnales du jacobinisme à ce moment-là si bien proscrit.

Mais ce devait être là son dernier triomphe !

9

En effet, il avait — de même, au reste, que d'autres sociétés plus ou moins analogues de la contrée, et notamment celle, de *St-Lo*, dite du *Timbre sec* parce que ses membres s'étaient armés de *gourdins* pour assommer journellement les ex-terroristes de la dite ville, et que la municipalité de celle-ci avait cru devoir dissoudre, le 20 messidor, dans l'intérêt même de l'ordre public local (voir le dit *arrêté* dans NOTRE *collection* particulière) — accumulé depuis longtemps, par les proscriptions répétées dont il avait été l'instigateur contre nombre de Coutançais de toute catégorie sociale, trop de haines, à la fois profondes et ardentes, pour que celles-ci n'éclatassent pas enfin à son détriment.

C'est ce qui eut lieu dans les journées des 21, 22 et 23 thermidor : que les jacobins, tant mâles que femelles, de la ville, à ce secondés par des soldats alors en garnison dans celle-ci, envahirent, à plusieurs reprises, le local de la dite société — où d'ailleurs, à ce moment-là même, on s'occupait, paraît-il, encore de dresser de nouvelles listes de persécution réactionnaire — et y insultèrent, de la façon la plus grave, les principaux instigateurs de cette dernière, entre autres, les sieurs : *Lorin, Brohon, Morin* fils et *Lebrun*, notaire ; qui coururent même risque de leur vie, tant là, que dans la rue et jusqu'à leur domicile, où la foule des agresseurs montagnards alla, violemment, les relancer.

Un tel désordre — auquel s'en joignit, d'ailleurs, alors, un autre, d'un genre différent, mais partant toujours de la même cause, dans la journée du 23, au *temple* même; où l'on célébrait, à ce moment-là, la fête civique du 10 *août*, anniversaire de la prise des Tuileries sur la Royauté, et où la musique municipale, composée, paraît-il, elle aussi, de jacobins accentués, se refusa positivement, malgré toutes les injonctions de l'autorité locale, à jouer l'air thermidorien, ci-dessus mentionné, du *Réveil du Peuple*, auquel elle substitua même la *parodie* qui en avait été composée par les ex-terroristes (la voir dans le *Recueil de chants révolutionnaires* déjà cité, *page* 308) — devait nécessairement donner lieu à une instruction judiciaire, contre ses principaux auteurs.

Une *enquête* fut donc ordonnée, devant le tribunal de simple police de la Municipalité, qui, à ce saisi par l'agent national de la commune : *Lebreton*, y entendit 116 témoins; dont les dépositions, recueillies par écrit, forment un *dossier* considérable, qui se trouve aux ARCHIVES DE LA MAIRIE de la ville, carton 11, n° 149, et auquel nous avons emprunté les détails ici donnés sur le dit épisode.

Il en résulta facilement l'évidente culpabilité, dans cette occasion, de nombre de jacobins de la localité, et, entre autres :

Du côté des *hommes*, de :

Levivier — *Leboulanger* — *Oulès* — *Corbet* — *Ernouf* dit *Montauciel* — *Thézeloup;* que nous avons vus, tout à l'heure, si vivement traqués par le parti réactionnaire.

Et de celui des *femmes*, de :

La veuve *Gaillard*, l'ancienne habituée du club jacobin — une femme *Lerendu*, dont la fille s'était jadis, en 1793, mariée *sur l'autel de la patrie* et n'en devait cependant pas être plus heureuse, pour cela, dans son union conjugale (voir son divorce sur l'*état civil de Coutances*, à la date du 29 germinal an VI) — une fille *Péronne*, grande enthousiaste des volontaires nationaux.

Et, à coup sûr, on eût eu le droit de traduire, devant la justice répressive, de pareils perturbateurs ; qui ne s'étaient pas alors cachés pour exprimer leur regret profond de la disparition du terrorisme de jadis, et avaient, d'ailleurs, attenté gravement à la sûreté de nombre de citoyens honorables de l'endroit.

Mais il n'eût guère fait bon, à ce moment-là, de s'y risquer, en présence de l'exaspération toujours persistante de leur parti, encore fort nombreux du reste, et, de plus, alors, localement secondé par l'assistance d'une garnison à eux sympathique.

Aussi n'osa-t-on les poursuivre davantage.

Il y a plus ! sans nul doute, sous l'impression de la crainte alors inspirée par celui-ci, nous voyons la municipalité coutançaise bientôt ordonner, les 3, 4, 8 et 9 fructidor an III (voir ses registres aux dites dates) — sur l'ordre, du reste, de l'administration départementale — le réarmement de : *Héot*, *Lefillastre*, *Clément*, *Eudes*, *Cornet*, *Lebarbier*, *Lebrun*, *Fevrier*, *Esnée*, *Frémont*, jadis, ainsi que nous le savons, désarmés comme terroristes ; et aussi de *Leboulanger*, et *Ernouf*, si fort compromis cependant dans l'équipée sus dite.

Et même, par application du proverbe que « les bat-

tus payent l'amende » nous voyons, sur le *registre
d'écrou* de Coutances, incarcerés, le 29 thermidor, pour
incivisme, les principales victimes de celle-ci, à savoir :
les sieurs *Lorin* et *Morin;* qui, toutefois, furent, naturellement, bientôt relaxés de cette inconcevable arrestation,
due sans nul doute encore aux menaces, dangereuses
pour l'autorité d'alors, de leurs adversaires politiques
locaux.

Au surplus, bientôt un ordre du représentant du peuple
Porcher, alors de passage à Coutances, mettait fin à toute
hésitation sur ce point, en défendant, aux autorités locales, de donner suite à toute instruction judiciaire quant
à l'affaire en question; où celui-ci trouvait, sans nul
doute, trop de gens compromis, pour ne pas craindre
toutes les conséquences qu'une poursuite véritable, en
pareil cas, eût, malgré sa légitimité, pu entraîner contre
le repos public lui-même, qu'il s'agissait avant tout
d'assurer.

(Voir la dite pièce dans le *carton municipal* 149, n° 10, précité)

Pendant tout cela, il n'était, du reste, plus question de
la Société populaire sus dite, qui, bouleversée par une pareille attaque — au surplus par elle indirectement provoquée — n'avait plus osé se réunir, et était bien, dès
alors, en présence de l'irritation violente et menaçante
de ses anciennes victimes devenues désormais ses agresseurs audacieux et impitoyables, déjà dissoute *de
fait.*

Elle le fut bientôt aussi *de droit*, par un autre ordre, simultané du premier, du représentant sus dit ; qui, du reste, ne fit, de la sorte, que devancer de quelques jours à son égard l'application de la nouvelle loi, du 6 fructidor an III, enjoignant la fermeture de tous les clubs alors existants, auxquels, d'un autre côté, la constitution de la veille avait, comme nous le savons aussi, interdit, par sa prohibition générale à cet égard, de se rouvrir dorénavant.

Ainsi donc périt, à son tour, et définitivement aussi, cette nouvelle Société populaire, si différente de la première à bien des égards, mais qui — sans avoir, tout pesé, joué à beaucoup près, un rôle aussi important qu'elle — n'avait pas manqué, elle, non plus, d'exercer, comme nous venons de le voir, tant qu'elle vécut, une influence considérable, et même en quelque sorte officielle — cette fois dans le sens de la réaction anti-jacobine — sur les affaires publiques de notre localité.

Désormais celle-ci ne pouvait plus avoir de club proprement dit, à l'avenir interdit définitivement par la loi.

Mais elle pouvait avoir encore des réunions politiques *privées*, toujours restées permises ; aux termes de cette dernière.

Elle pouvait, par exemple, avoir un *cercle constitutionnel* libéral ; tel que ceux qui, en l'an V et l'an VI, se fondèrent, en maint endroit, pour lutter efficacement contre les conciliabules royalistes du moment.

Et, en effet, nous trouvons, dans le *carton municipal*, déjà cité, 149, cote 10, la trace d'une création de ce genre à Coutances, par la présence d'une déclaration faite, le 17 brumaire an VI, à la mairie de cette ville, de leur projet d'y fonder une semblable société, par une cinquantaine de républicains de l'endroit, entre autres par : *Lemenuet*, alors président du Tribunal criminel ; *Michel*, greffier de celui-ci ; *Héot*, son acusateur public ; *Auvray*, ancien juge de paix ; *Février*, ancien greffier de justice de paix ; *Leboulanger*, fils, ancien officier municipal ; et autres de même opinion.

Mais il ne paraît pas que cette tentative ait eu de suite ; et il y a tout lieu de croire, en tout cas, que ce cercle, s'il s'ouvrit réellement, se referma bientôt, comme tous les autres de même nom, à la suite de mesures générales, de suppression, alors prises, comme nous le savons, par le Directoire exécutif, aussi contre toutes les réunions en question.

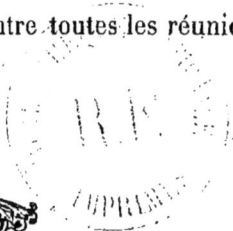

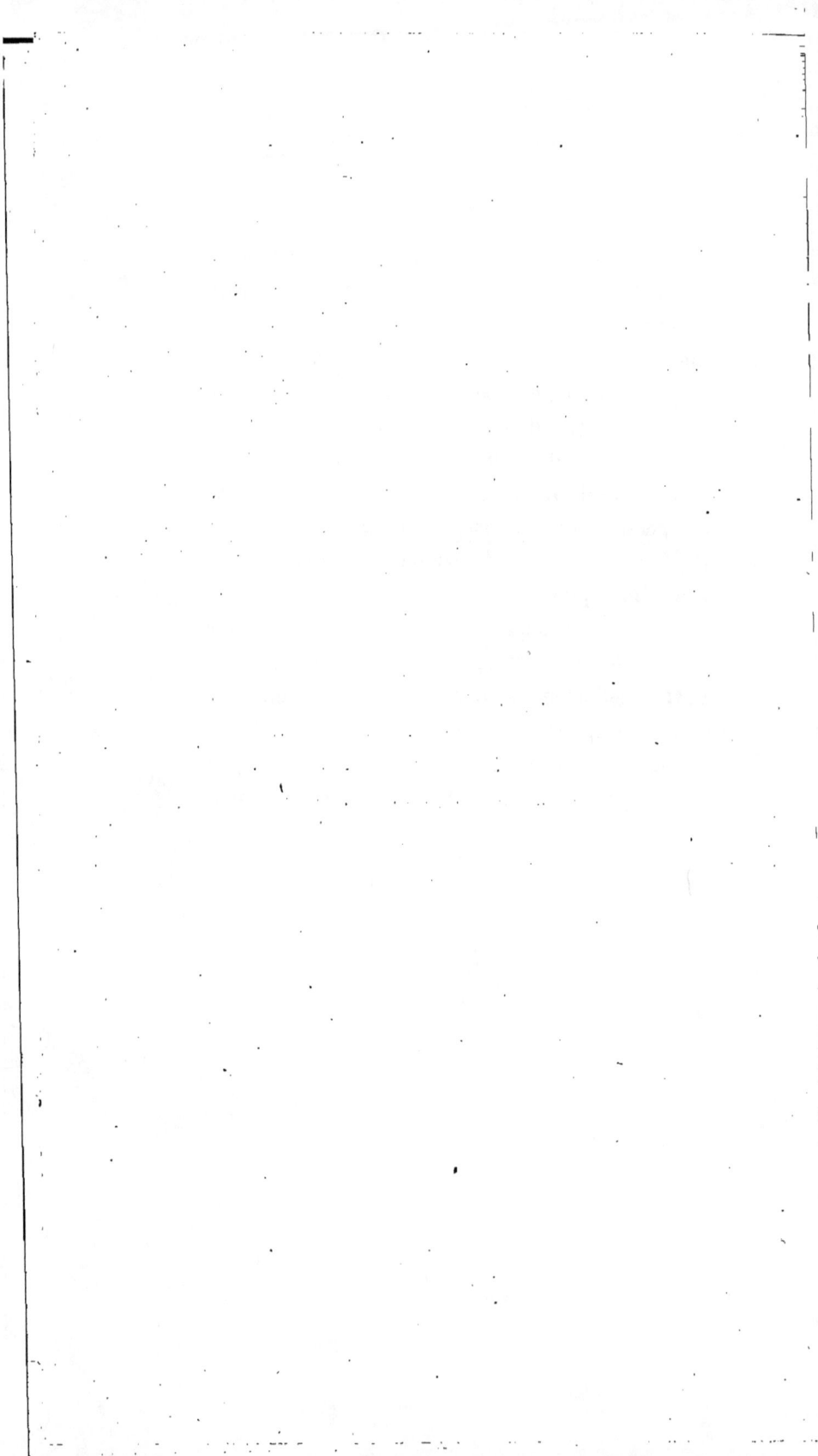

CONCLUSION

Nous en avons, ainsi, fini de l'étude de ce sujet révolutionnaire local, si mouvementé, si curieux par lui
même, et, en même temps, si important pour la compré-
hension, chez nous, d'une époque où — comme dans
toutes en général, du reste — les événements capitaux
d'une contrée quelconque ne se comprennent bien, le
plus souvent, que quand, avant de les contempler sur la
scène ou ils vont se jouer, on a été voir, dans les accessoires et le sous-sol de celle-ci, la préparation, vulgaire
sans doute mais indispensable à connaître, qui les y a la
plupart du temps seule amenés, et qu'on a, en quelque
sorte, visité. préalablement, la *cuisine* où se sont d'abord
préparés et combinés entre eux les éléments divers dont
ils se trouveront ensuite composés. Faire descendre,

10

ainsi, le lecteur dans ces laboratoires politiques, de second et même de troisième ordre cependant, c'est, bien
souvent, lui rendre beaucoup plus de services historiques,
que le faire toujours rester dans la galerie, brillante mais
banale, des faits extérieurs et de la comédie d'apparat
Ces services, nous avons, de la sorte, essayé de les lui
procurer, ici, dans la mesure de nos forces, en ce qui
concerne notre cité; en même temps que nous espérions
l'intéresser, plus ou moins vivement, par la révélation
des piquants épisodes locaux, qu'un tel sujet fait naturel-
ment ressortir. Puissions-nous avoir quelque peu réussi
dans cette double tentative !

TABLE DES MATIÈRES

———◆———

Coutances. —Imprimerie de SALETTES, libraire-éditeur.

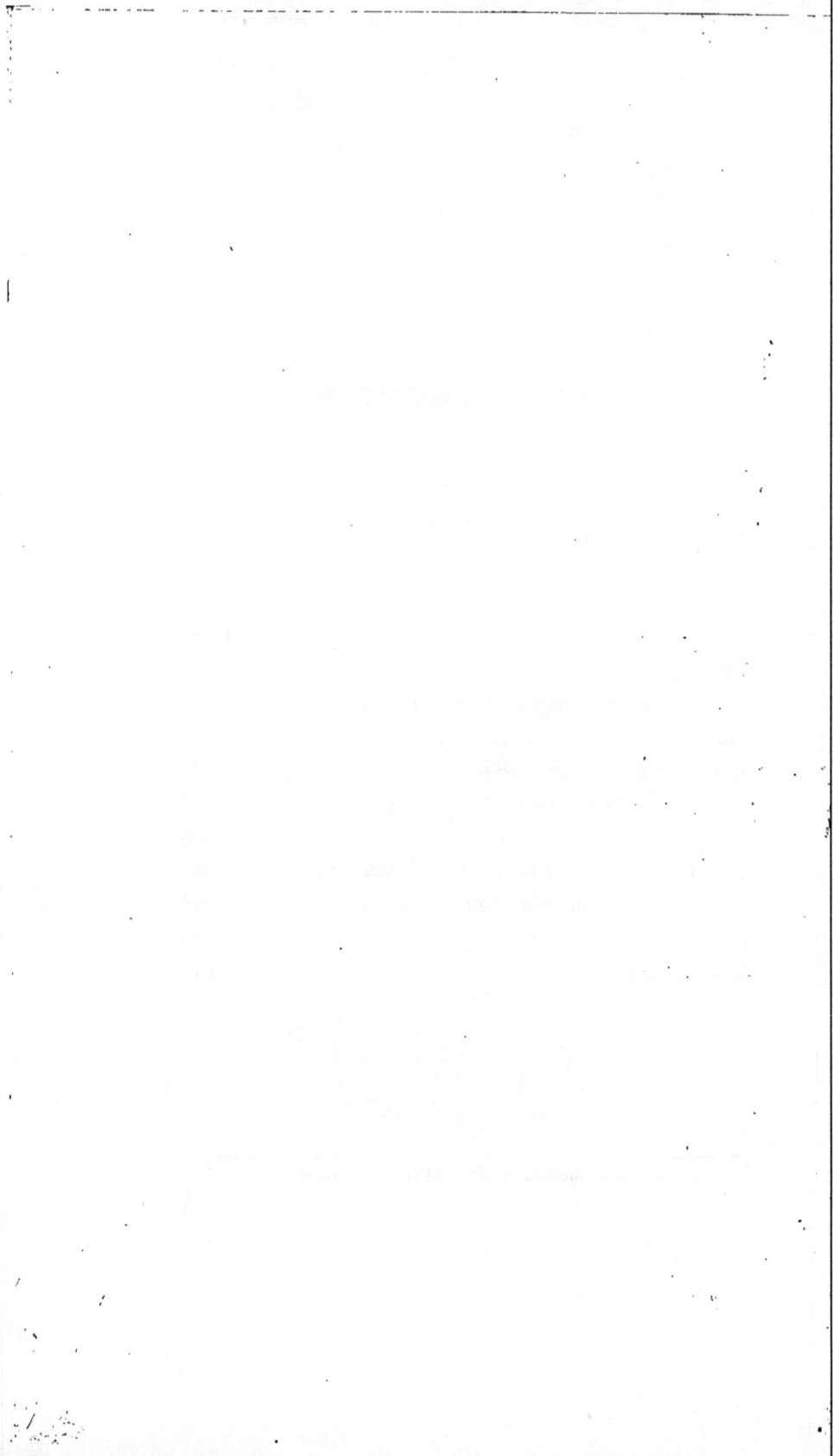

www.ingramcontent.com/pod-product-compliance
Lightning Source LLC
Chambersburg PA
CBHW071803090426
42737CB00012B/1937